교회여 다시 일어나라!

교회여 다시 일어나라

한국 교회를 살리는 10가지 지침
Churches, rise again!

이 책은 하나님께서 큰터교회에 주신
한국 교회를 살릴 부흥의 비결을 담았다.
교회를 향한 하나님의 가장 큰 뜻이 선교이기에,
큰터교회는 작은 규모이지만 힘에 지나도록
선교사를 파송하고 있으며,
매월 교회 재정을 남김없이 선교사 후원으로
전부 보내고 있다.
현재 부산과 서울 두 곳에 자리한 큰터교회는
예수님께서 담임목사님이시며
문창욱 목사가 부목사인
예수님의 몸 된 교회이다.

하나님 나라의 백성

하나님은 오래 전 우리 믿음의 조상과 언약을 맺으셨다.

[히브리서 8:10]
또 주께서 이르시되 그 날 후에 내가 이스라엘 집과 맺을 언약은 이것이니 내 법을 그들의 생각에 두고 그들의 마음에 이것을 기록하리라 나는 그들에게 하나님이 되고 그들은 내게 백성이 되리라

언약의 내용은 당신이 그들의 하나님이 되시고 그들은 당신의 백성이 된다는 것이며, 그 언약은 믿음의 후손인 우리에게도 유효하다. 그러한 임금과 백성의 관계가 실현되는 곳이 바로 하

나님의 나라이며, 그 하나님의 나라는 그분의 말씀의 법이 우리의 생각과 마음을 다스리는, 이른바 '통치'를 통해 이루어진다.

우리는 하나님의 공의와 인애가 다스리는 하나님의 나라를 간절히 소망한다. 그래서 날마다 주기도문을 통해 하나님의 뜻이 통치하는 하나님의 나라를 구하고 있다.

[마태복음 6:9-10]
... 하늘에 계신 우리 아버지여 이름이 거룩히 여김을 받으시오며 나라가 임하시오며 뜻이 하늘에서 이루어진 것 같이 땅에서도 이루어지이다

그런데 하나님은 놀랍게도 부름 받은 그의 백성을 통해 그의 나라를 세워 가신다. 그래서 매일의 삶 가운데 하나님의 뜻이 실현되기를 바라며 자신이 처한 자리에서 성심을 다하는 성도들을 주님은 귀히 여기신다.

대한민국은 하나님의 특별한 보호하심 아래 은혜를 경험했다. 사방이 어둠뿐이던 시절, 나라와 민족을 위해 눈물로 기도하던 백성들이 있었다. 하나님은 그 기도를 들으시고 이 대한민국

에 큰 복을 허락하셨다.

하지만 이 땅에 본격적으로 그리스도의 복음이 전해지고 한 세기 반이 흐른 지금, 우리는 한국 교회의 위기라는 말이 더 이상 새롭지 않을 정도로 그 실상을 경험하고 있다. 교회에 다음 세대가 사라지고 교회가 온갖 세간의 질타 대상이 되면서 여기저기서 자성의 소리가 터져 나왔다. 더욱이 코로나19로 팬데믹을 겪은 이후 한국 교회는 많은 변화와 부침 속에서 우리가 믿는 도리와 실제 우리의 삶에 현격한 차이가 있음을 깨닫게 되었다.

어디 그 뿐인가? 지금의 세상은 성경이 예언하고 있는 것처럼 말세의 징조로 가득하다. 민족이 민족을, 나라가 나라를 대적하여 일어나고, 지진과 기근으로 고통받는 사람들이 끊이지 않고 있다. 코로나19와 같은 전염병이 언제 또다시 전 세계인을 괴롭힐지 모른다. 게다가 AI 기술의 발전은 이미 우리가 상상할 수 없는 수준에 다다랐으며, 앞으로 어떤 윤리적·신앙적 결단 앞에 서게 될지 알 수 없는 시대를 살고 있다.

이제 우리는 어떻게 해야 할까?

성경은 끊임없이 우리에게 너희가 할 일을 마땅히 하라고 말한다. 과거와 지금, 시대가 변하고 가치가 변하고 사람도 달라졌지만, 그 모든 시대를 아우르는 하나님의 말씀은 변함없이 우리가 무엇을 해야 하는지 일관되게 말하고 있다.

이 책에서는 그것을 10가지로 정리해 안내하고 있다. 산기도, 선지자 학교, 약속, 성경 통독, 아침 묵상, 동행, 금식, 전도, 감사, 개인 기도, 이 10가지 지침은 주님께서 큰터교회와 문창욱 목사에게 주신 비전이며, 더 나아가 한국 교회를 살리는 단초가 될 것이다. 이를 통해 하나님께서 한국 교회에 새로운 각성이 일어나게 하실 것을 믿는다.

아래는 '한국 교회를 살리는 10가지 지침'에 관련 문창욱 목사의 설교 및 강연을 편집·요약한 것이다. 더불어 각 지침을 통해 하나님께서 큰터교회 성도에게 행하신 일들을 개인적인 간증 형식으로 실었다.

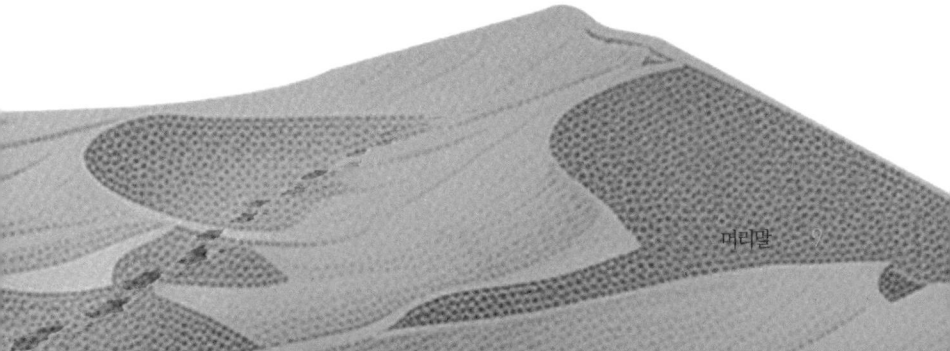

머리말 _____ 05

들어가는 말 _____ 14

Chapter 1 산기도 _____ 17

내가 산을 향하여 눈을 들리라 나의 도움이 어디서 올까   25
하루도 지나지 않아 응답된 기도   30

Chapter 2 선지자 학교 _____ 33

하나님의 말씀으로 변화의 중심에 서다   39
받은 말씀을 전하라   43

3 Chapter 약속 ___ 49

하나님 앞에서의 정직한 계산　56

4 Chapter 성경 통독 ___ 61

선순환의 트랙 안으로　67
아무나 갈 수 없는 큰터교회　73
광야학교·물고기 뱃속학교를 떠나는 비결, 성경일독학교　78
하나님의 한량없는 은혜　82
주신 은혜에 감격하여 1개월 2독을 하다　86

5 Chapter 아침 묵상 ___ 91

매일 말씀을 나누는 기쁨　97
말씀의 거울에 나를 비추는 시간　101

6
Chapter 동행_____ 107

내게 주어진 선물, 주님과의 동행　　　112
주님과 함께 걷는 기쁨　　　115

7
Chapter 금식_____ 117

나를 살리는 금식　　　123
하나님의 일하심을 맛보는 비결　　　127

8
Chapter 전도_____ 133

말씀대로 순종할 때 필요를 채우시는 하나님　　　139
먼저 그의 나라와 그의 의를 구하라　　　146

contents

9
Chapter 감사_____ 155

감사는 감추어진 보배　　161
일상에서 감사를 배우다　　168

10
Chapter 개인 기도_____ 175

매일 그 깊은 기도의 강을 건너며　　180
나는 너를 원한다　　186

나가는 말_____ 190

부록_____ 195

Check list 한국 교회를 살리는 10가지 지침　　197

들어가는 말

예수를 믿는다는 것은 무엇을 의미합니까?

바로 죄 문제가 해결되었다는 것을 뜻합니다. 죄 문제가 해결됐다는 것은 죄의 삯인 죽음의 문제가 해결됐다는 것을 말합니다. 우리가 예수를 믿고 신앙생활을 하게 되는 근거가 바로 여기에 있습니다.

그렇다면 예수를 믿는 자의 삶은 어떠해야 할까요?

[고린도전서 6:19-20]

너희 몸은 너희가 하나님께로부터 받은 바 너희 가운데 계신 성령의 전인 줄을 알지 못하느냐 너희는 너희 자신의 것이 아니라 값으로 산 것이 되었으니 그런즉 너희 몸으로 하나님께 영광을 돌리라

그리스도께서 자신의 피 값으로 우리를 사셨기에 우리 몸으로 하나님께 영광을 돌리라고 말씀하십니다. 우리는 우리의 것이 아닙니다. 그럼 누구의 것일까요? 값을 주고 사신 주님의 것입니다.

[고린도전서 6:13]

음식은 배를 위하여 있고 배는 음식을 위하여 있으나 하나님은 이것 저것을 다 폐하시리라 몸은 음란을 위하여 있지 않고 오직 주를 위하여 있고 주는 몸을 위하여 계시느니라

이 말씀에서 '음란'은 말 그대로 음란을 뜻하기도 하지만 넓게는 하나님 외에 다른 것을 우선순위에 놓는 것, 즉 우상숭배를 말합니다.

우리의 몸은 주님을 위해 존재하는 것입니다. 그런데 우리 몸이 주님 아닌 다른 것에 빼앗겨 있다면, 그것은 우리가 우상숭배

를 하고 있다는 증거입니다.

　한국 교회가 힘들어진 이유는 무엇일까요? 간단합니다. 교회가 주를 위해 살지 않고 자기를 위해 살았기 때문입니다. 육신을 위해 살았기 때문이지요.

　한국 교회를 살릴 수 있는 방법이 없을까 고민하던 제게 하나님께서 수십 년에 걸쳐 말씀해 주시고 가르쳐주신 것이 있습니다. 그것이 바로 '한국 교회를 살리는 10가지 지침'입니다.

한국 교회를 살리는 10가지 지침
문창욱 목사

1
Chapter

산기도

Chapter 1
산기도

[누가복음 6:12]

이 때에 예수께서 기도하시러 산으로 가사 밤이 새도록 하나님께 기도하시고

#산에올라기도 #밤12시부터 #새벽5시까지 #고지를점령하라

사실 저는 산기도에 크게 관심이 없었습니다. 그런데 한 번은 부산 큰터교회 이병천 선교사님이 주님께서 주신 감동을 제게 나누더군요.

"목사님, 대한민국을 살리기 위해, 교회를 일으키고 선교를 일으키기 위해, 산기도를 하기로 주님 앞에 약속했습니다!"

그게 벌써 1년 전 일입니다.

처음 그 얘기를 들었을 때 솔직히 굉장히 부담스러운 마음이 들었습니다. 왠지 이 선교사님의 산기도 결단의 여파가 내게까지 미칠 것 같다는 불안한 예감이 들었죠.

아니나 다를까, 야밤에 혼자 산으로 기도하러 간다는 선교사님을 보니 안쓰러운 마음이 들었습니다. 제가 아는 이병천 선교사님은 겁이 많은 분이었습니다. 과거 연탄보일러로 난방을 하던 선교센터에서 한밤중에 연탄을 갈아야 하는 상황이 있었습니다. 그런데 센터 뒷동산에 무덤이 있던 터라 이 선교사님은 겁이 나서 밤에 나가는 걸 꺼렸습니다. 반면 연탄을 갈아본 적이 없어 연탄 갈 실력은 없었지만, 무서울 것이 없었던 저는 선교사님과 함께 밤길을 걸어 연탄을 갈러 갔답니다.

그런 분이 야밤에 혼자 산에 기도하러 간다고 하니 참으로 안쓰럽더군요. 그래서 이번에도 함께 가기로 마음먹었습니다. 다만, 둘만 가기 억울한 마음이 들어 함께 갈 사람을 모집했지요. 감사하게도 10명이 넘는 인원이 첫 산기도에 함께했습니다.

12월이었습니다. 하루 전날 일기예보를 보니 부산 역사상 잘 없는 한파가 예고되어 있었습니다. 평소 같으면 날씨 때문에 날짜를 미룰 수도 있었을 겁니다. 하지만 그날은 왠지 그러고 싶지 않았습니다. 오히려 추운 날씨가 감사하더군요. 이 정도 추위에 산기도를 다녀온다면, 이후 어떤 궂은 날이 와도 산기도가 쉽게 느껴지겠다 싶었지요.

도심 체감 온도 영하 15도, 바람도 많이 부는 금요일이었습니다. 저희는 가나안 수양관이 있는 금정산 꼭대기까지 올라가 기도를 시작했습니다. 어떤 분은 콧김이 머리카락에 닿아 고드름이 되기도 했지요. 밤 12시에 시작된 기도는 새벽 5시에 마쳤습니다.

그날 산기도에 참석했던 10여 명은 충격이 컸는지, 지금까지도 산기도에 돌아오지 못하고 있습니다. 그래서 '어서 돌아오라, 어서 돌아오라' 찬양을 부르기도 하는데 아직도 충격이 가시지 않은 듯합니다.

이렇게 저희 교회 산기도는 부산 큰터교회에서 처음 시작되었습니다.

그런데 부산만 하기에는 무척 아깝게 느껴졌습니다. 이 힘든 걸 부산에서만 하는 건 아쉬웠지요. 마침, 서울 큰터교회에도 산기도를 바라는 분들이 몇 분 있었습니다. 그렇게 시작된 서울 큰터교회 산기도는 지금까지 추위에 굴하지 않고 십여 명이 꾸준히 참석하고 있습니다. 최근 산기도에는 19명이 참석했으며, 산기도를 원하는 다른 교회 성도 분도 몇 분 함께했습니다. 현재 서울 큰터교회는 이 산기도를 통해 부흥의 불길이 일어나고 있습니다.

부산 큰터교회도 다시 한 분, 한 분 도전한 결과 지금은 10여 명으로 회복되었습니다. 그래서 현재 큰터교회는 부산과 서울, 각각 격주 또는 매주 산기도를 이어가고 있습니다.

산기도에 참석하는 분들이 하나같이 하는 말이 있습니다. 산에서 기도하니 실내에서 하는 기도가 쉽게 느껴진다고 말입니다. 오히려 산이라 더 좋습니다. 달빛 아래 좋은 공기와 아름다운 경치 속에 함께 둘러앉으면, 마치 소풍 온 것처럼 행복한 마음으로 하나님 나라를 위해 기도하게 됩니다.

물론 산기도에 오기까지 갈등하며 힘겹게 발걸음을 떼는 사람도 있지만, 마치고 돌아갈 때는 모두 기쁨이 넘칩니다. 처음에는 5시간이 더디 가는 것처럼 느껴졌습니다. 하지만 언제부턴가 기도 시간이 쏜살같이 지나가기 시작했습니다. 하나님께서 기도를 인도하시기 때문이지요.

한국 교회가 부흥하던 시절, 산기도도 함께 부흥했다는 사실을 아십니까? 많은 성도가 산과 들로 나가 주님께 기도했습니다. 하나님께서 이 시기에 우리에게 산기도를 다시 하게 하신 이유가 있으리라 믿습니다.

저희 교회는 산기도 이후 많은 부분 하나님께서 열어 주시는 것을 경험하고 있습니다. 처음에는 잘 몰랐지만, 하나님께서 산기도를 통해 더 많은 것을 열어주고 싶어 하신다는 것도 깨닫게 되었습니다.

특별히 서울 큰터교회는 산기도를 통해 매월 전도 콘서트와 매주 토요일 전도모임이 시작되었으며, 제자훈련과 팬데믹 이후 막혔던 선교까지 열리게 되었습니다.

고지를 점령하십시오.

전쟁에서 고지를 점령하면 나머지는 자연스럽게 평정이 됩니다. 우리의 신앙 또한 마찬가지입니다. 가장 힘든 걸 점령하고 나면 나머지는 쉬워집니다. 산기도를 하고 나면 실내에서 하는 철야기도가 쉽게 느껴지듯, 신앙의 영역도 동일합니다.

큰터교회에 행하시는 하나님의 많은 일들이 이 산기도를 통해 이루어지고 있습니다. 그러하기에 이 산기도가 한국교회를 살리는 첫 번째 비결이라고 확신합니다.

**내가 산을 향하여 눈을 들리라
나의 도움이 어디서 올까**

황 ☐☐

과거 삼각산에서 나라와 민족, 그리고 복음통일을 위해 뜨겁게 기도하던 때가 있었다. 당시 산기도가 붐이었다고 하는데 나는 한 번도 삼각산 기도에 참여하지 못했다. 그때 그 은혜를 경험하지 못한 것이 못내 아쉬웠다.

부산 큰터교회에 이어, 서울 큰터교회에서도 산기도가 시작되어 개인적으로 얼마나 반가웠는지 모른다. 산기도를 할 생각에 마음이 설레기까지 했다. 산기도를 하면서 나는 하나님의 다양한 일하심을 경험했다. 기도할 때는 특별한 체험이 없더라도 기도하고 산에서 내려온 후에 기도 응답을 받기도 했다. 일상에서 느끼는 산기도의 유익함에 나는 하나님의 일하심을 더더욱 기대하게 되었다. 지금도 성도들은 사모하는 마음으로 산기도에 참석하고 있으며, 그때마다 주님을 향한 기도가 뜨겁게 올라가고 있다.

산기도를 통해 얻은 가장 큰 복을 내게 말하라고 한다면, 그것은 바로 아버지의 구원이다.

아버지는 2005년 5월, 심장판막 수술 직후 세브란스병원을 방문한 온누리교회 병원 전도팀을 통해 복음을 들은 적이 있었다. 당시 아버지는 예수님과 복음에 대해 알고 싶은 마음이 뜨거웠지만, 문중 제사에서 축문을 읽는 역할을 하시다 보니 복음에 대한 열정도 점차 식어갔다. 나중에는 일본선교를 다녀온 나를 핍박하시기도 하셨다.

아버지의 그런 모습을 대할 때면, 과연 아버지가 예수님을 믿으실 수 있을지 의심이 들기도 했다. 하지만 하나님은 아버지를 향한 놀라운 계획을 준비하고 계셨다.

아버지는 돌아가시기 6개월 전, 한 여전도사님이 설립하신 요양원에 들어가시게 되었다. 지금은 일반 요양원이 됐지만 여전히 귀한 권사님들과 사모님들, 집사님들이 일하고 계셨다. 특별히 그리스도인들의 요구로 수요예배를 드리고 있었는데, 아버지가 수요예배를 드릴 뿐 아니라 목사님께 개인적으로 질문을 많이 하셨다고 들었다. 요양원에서 찍힌 아버지 사진을 보면서 나는 감사하지 않을 수 없었다. 아버지가 주기도문과 사도신경을 공부하시고, 찬송가 305장 '나 같은 죄인 살리신 주'를 공부하기도 하셨다. 그때마다 나는 감사한 마음과 함께, 아버지의 영혼 구원을 위해 간절히 기도했다.

특별히 산기도에서 여러 차례 기도를 요청하며 지체들과 함께 기도했다. 아버지의 영혼 구원을 시작으로 '오직 나와 내 집은 여호와를 섬기겠노라'라는 여호수아의 고백이 우리 가정의 고백이 되도록 가정 복음화를 위해 기도했다.

2023년 5월 29일, 아버지는 주님 품에 안기셨다.
5월은 가정의 달이라, 여동생과 남동생이 번갈아 부모님을 모시고 여행도 다니고 맛난 음식도 드셨는데, 몸이 버거우셨는지 아버지는 그 후 며칠간 고생하시며 회복을 위해 쉬셔야 했다. 당시 아버지를 면회할 계획이었던 나는 요양원이 일시적으로 아버지 면회를 금지하는 바람에, 지방에 있는 한 기도원을 방문해 기도하기로 했다. 그곳에서 5일간 기도하면서 나는 깊은 하나님의 임재를 경험했다. 주님 품에 안겨 주님 뜻대로 기도를 이어가는데 얼마나 행복했는지 모른다. 하나님의 사랑이 부어지면서 천국에 있는 듯한 느낌이 들었다. 그 기간 내내 하나님은 친히 나의 기도를 인도하셨고, 아버지의 마지막을 준비하는 기도를 하게 하셨다.

금요일 아침, 기도원에서 서울로 올라온 나는 곧장 교회로 가서 금요기도회 참석 후, 산기도를 위해 지체들과 함께 청계산에 올랐다. 그날은 아버지 평생의 죄를 놓고 대신 회개하며 주님께 용서를 구했다. 하나님은 특별히 문중 제사에서 이방신의 제사장 역할을 하며 축문을 읽고 귀신을 불러들였던 아버지의 죄악을 회개하게 하셨다. 그 외에도 주님이 인도하시는 대로 아버지의 죄를 낱낱이 아뢰었다. 회개 후에는 아버지의 죄악이 모두 끊어졌으며, 이제는 아버지가 자유롭게 되셨음을 뜨겁게 선포했다.

그 기도 후, 아버지는 하늘 아버지 품에 안기셨다. 아버지 홀로 감당하기 어려우셨는지, 딸인 나를 통해 대신 회개하게 하시고 예수님의 보혈로 덮어주셨다. 간절한 기도 시간을 통해 아버지의 영혼을 주님께 올려드릴 수 있게 하신 하나님께 감사와 찬양을 드린다.

[시편 121:1-2]

내가 산을 향하여 눈을 들리라 나의 도움이 어디서 올까 나의 도움은 천지를 지으신 여호와에게서로다

하루도 지나지 않아 응답된 기도

오○○

한 해 동안 주님은 내게 여러 가지 놀라운 일들을 행하셨는데, 그중에서도 가장 감사했던 일을 나누고 싶다.

가정에서 처음 신앙을 가진 1세대 신앙인이라면 누구나 가족 구원이 첫 번째 기도제목일 것이다. 나 또한 가족 구원을 놓고 늘 기도하고 있었고, 특별히 어머니를 위해 가장 많이 기도했다. 어머니를 교회로 모시고 싶었지만, 초신자에 가까운 어머니가 적응하기에는 아무래도 우리 교회가 적절하지 않을 것 같다는 생각이 들었다. 그래서 교회에 가보시라고 권하면서도, 우리 교회로 모실 생각은 하지 못했다. 그렇게 어머니는 이따금 다른 교회에 나가시긴 했지만, 지속적으로 다니지 못하셨고 결국 어느 순간 교회로 가는 발걸음을 끊으셨다.

교회에서 산기도를 시작한 지 반년 정도 되었을 때였다. 문득 기도 중에 어머니께서 우리 교회에 오시면 좋겠다는 마음이 들었다. 그때 난 그것이 내 생각이 아닌, 주님이 주신 마음이라는 것을 확실히 알았다. 그래서 산기도에 함께한 지체들에게 어머니에 대한 기도제목을 나누었고, 이후 함께 기도하는 시간을 가졌다.

놀랍게도 그 기도는 하루도 넘기지 않고 응답되었다. 산기도가 끝나고 겨우 몇 시간이 지난 토요일 낮, 어머니께서 내게 먼저 물으셨다.
"내가 너희 교회에 가보는 건 어떻겠니?"
할렐루야! 정말 놀라웠다. 하나님은 일단 하시기로 작정한 일은 정말 놀랍게 행하시는 분이다.

그날 난 깨달았다. 산기도와 그곳에 함께한 자들의 중보기도에 하나님께서 함께하셨으며, 그렇게 올려드린 기도에 능력이 있다는 것을 말이다.
이후 난 어머니와 함께 예배를 드리며 꿈 같은 신앙생활을 하고 있다. 그리고 최근에는 회사 이사님까지 교회로 인도할 수 있었다.

이 일을 통해 나는 내 생각과 내 예측을 뛰어넘으시고 생각지도 못한 방식으로 놀랍게 일하시는 하나님을 보았다. 내가 간절히 기도했기에 하나님이 그런 일을 하셨다고 생각하지 않는다. 나는 그저 산기도를 열심히 다녔던 것뿐이다.

산기도는 내게 참 어렵고 힘든 일이다. 매번 갈 때마다 시험과 고난처럼 느껴진다. 하지만 순종이 제사보다 낫다는 말씀을 믿고 열심히 따라나섰던 그 마음을 하나님이 귀하게 여기신 듯하다. 그 순종의 열매가 바로 어머니와 이사님이다.

영혼 구원을 위해 기도하는 사람이 있다면 산기도를 강력 추천하고 싶다.

2
Chapter

선지자 학교

Chapter 2

선지자 학교

[학개 1:12]

스알디엘의 아들 스룹바벨과 여호사닥의 아들 대제사장 여호수아와 남은 모든 백성이 그들의 하나님 여호와의 목소리와 선지자 학개의 말을 들었으니 이는 그들의 하나님 여호와께서 그를 보내셨음이라 백성이 다 여호와를 경외하매

#선지자가필요한시대 #말씀을받는자 #쉿 #내말말고 #주의말을하자

어느 날 하나님은 제게 서울 큰터교회에서 선지자 학교를 시작하라는 마음을 주셨습니다. 하지만 어떻게 시작해야 할지 그림이 그려지지 않았습니다. 그러던 중 인도 단기선교를 가게 되

었는데 그곳에서 매일 아침 학개서를 묵상했습니다. 하지만 1장만 겨우 마무리하고 돌아올 수밖에 없었습니다.

과거 서울에 올 때마다 새벽 큐티 모임을 인도한 적이 있는데, 이번에는 학개서 2장으로 새벽 큐티모임을 인도해야겠다는 생각이 들더군요. 서울 큰터교회에는 말씀을 사모하는 이들이 많습니다. 첫날 큐티모임에 10명 이상이 모였지요. 그런데 그날 주님께서 이 모임이 바로 '선지자 학교'라는 감동을 주셨습니다. 그렇게 서울 큰터교회에, 선지자 학교가 시작되었습니다.

현재 수개월째 제가 서울에 올 때마다 선지자학교를 이어가고 있는데, 여전히 학개서 2장 1, 2절에 머물러 있습니다. 놀랍게도 매번 같은 말씀을 보고 있는데도 하나님은 그때마다 우리에게 다른 말씀을 주십니다.

진행 방식은 간단합니다. 말씀 한 장을 읽고 별도의 묵상 시간 없이 바로 주님께서 자신에게 하시는 말씀을 돌아가면서 짧게 나눕니다. 그 후 주님께서 제게 주신 그날의 말씀을 성도들과 나누지요. 그리고 나서는 적용할 부분과 감사할 부분을 돌아가며 나눈 뒤 기도로 마칩니다.

그렇게 받은 말씀은 하루 종일 우리를 지배하고 우리의 삶을 장악합니다.

한 번은 부산 큰터교회에서 말씀을 전하면서, 영어 성경으로 '항상 기뻐하라, 쉬지 말고 기도하라, 범사에 감사하라'를 외웠습니다. 그때 나눈 말씀 중 유독 'rejoice always'라는 구절이 성도들에게 확산되면서 일주일 내내 그 말씀이 성도들의 삶을 지배하는 것을 보았습니다.

'말씀을 받았다'라는 것은 하나님께서 그 심령을 완전히 사로잡았다는 뜻입니다. 그래서 그 말씀을 볼 때 우리 마음에 큰 감동으로 다가오는 것입니다.

이 시대는 선지자가 필요한 시대입니다.
선지자는 어떤 사람일까요? 하나님의 말씀을 받는 사람이며 그 말씀을 수종드는 사람입니다. 말씀에 지배당하는 사람이지요.

한국 교회는 말씀은 많이 아는데 그만큼 실천하지 못했습니다. 그 이유 중 하나가 말씀을 직접 받지 않았기 때문입니다. 누군가를 거쳐 들은 말씀을 자기 것으로 소화하지 못한다면, 그 말씀은 그저 어떤 이의 미담을 듣는 수준에 그칠 수밖에 없습니다.

말씀을 받고 말씀에 지배당한 사람은 입에서 자연스럽게 말씀이 나옵니다. 반대로 말씀이 없는 사람은 엉뚱한 이야기만 하지요. 주의 이름으로 모인 교회가 엉뚱한 이야기만 한다면 결국 교회는 세상적 사고와 세상적 삶으로 가득한 곳이 될 수밖에 없습니다.

말씀을 받고 말씀을 전하는 선지자가 되기를 소망하십시오.

하나님의 말씀으로 변화의 중심에 서다

문 □□

평소 통독과 큐티를 통해 말씀을 묵상하기는 했지만 내 안에 알 수 없는 갈급함이 있었다. 더군다나 어려운 시기의 대한민국을 바라보며 나라를 위해 작정하고 기도하고 싶은 마음이 들었다. 때마침 목사님께서 선지자 학교를 위해 급히 일정을 조정하고 서울로 오신 덕분에 평소보다 선지자 학교가 긴 시간 이어지게 되었다.

나는 무척 감사했다. 무엇보다 선지자 학교를 통해 하나님께서 내게 어떤 말씀을 하실 지 기대와 감사가 넘쳤다.

첫날 목사님은 대한민국을 위해 기도해야 하는 교회의 사명에 대해 말씀하셨고, 총선을 앞두고 각 처소에서 무엇이든 할 것에 대해 권면하셨다. 그때 주님께서 내게 주신 말씀이 있다.

[히브리서 10:25]

모이기를 폐하는 어떤 사람들의 습관과 같이 하지 말고 오직 권하여 그 날이 가까움을 볼수록 더욱 그리하자

긴 교사 생활을 은퇴한 나는 약 25년 전부터 교사 기도모임을 인도하고 있었다. 1999년 남편 소천 후, 인생에 아무런 낙이 없을 때 주님은 내게 영혼 구원의 열정을 주셨고, 그때부터 동료 선생님들과 매주 삶을 나누고 서로를 위해 기도해 주는 기도모임을 시작하게 하셨다. 이 모임을 통해 하나님께서 많은 기도에 응답해주셨다.

하지만 지난 몇 년간 코로나19 팬데믹을 겪으며 만나는 횟수가 점차 줄었고, 최근에는 한 달에 한 번꼴로 만나고 있었다.

'모이기를 폐하는 어떤 이들의 습관과 같이 하지 말라'라는 하나님의 말씀에 이 기도모임이 떠올랐다. 그래서 나는 순종하는 마음으로 총선이 끝날 때까지 매일 함께 모여 기도하리라고 결심했다. 감사하게도 여러 선생님이 이에 반응하여 매일 기도로 함께 모이게 됐다.

나는 매일 아침 선지자 학교를 통해 받은 말씀을 기도모임에 참석한 선생님들에게 나눴다. 당시 우리 안에 매일 특별한 은혜가 임했는데 말씀의 은혜와 함께 기도가 한층 더 뜨거워지는 것을 느꼈다.

한 번도 모임에 나오지 않았던 분이 매일 기도 모임에 나오기 시작했고, 한 젊은 선생님은 먼저 자청해 모임에 합류하게 됐다. 또한 나라를 위한 연합 철야기도에 참여해 밤새 나라를 위해 기도하기도 했다.

나는 말씀을 통해 내게 허락하신 하나님의 열정이 어느새 다른 사람에게까지 전염되는 것을 느꼈다. 이것이 바로 선지자의 역할이 아닌가 싶다.

선지자 학교를 통해 하나님은 내게 돌파가 일어나게 하셨다. 평소 몸이 약하던 나는 아프고 힘든 것이 염려되어 좀처럼 과한 활동은 시도조차 하지 않았다. 하지만 매일 모임에 참석한 선생님들에게 식사를 대접하고, 또 이른 아침 선지자 학교 참석 후 밤이 되어 산에서 철야까지 하는데도 몸이 전혀 아프지 않았다. 오히려 하나님이 허락하신 사람들을 더 잘 섬기고 싶다는 마음이 들었다. 히브리서 말씀에 뜨겁게 반응하게 하신 하나님께서 내 육신의 연약함마저 뛰어넘게 하신 것이다.

또한 선지자 학교를 통해 하나님은 내 말에 권세가 있게 하셨다. 특별히 선지자 학교 기간 동안 내 말을 삼가고 주님 주신 말을 할 수 있도록 기도했다. 그 기도대로 하나님께서는 내 입에서 나오는 말씀을 통해 선생님들 한 분, 한 분을 세워 주셨다.

담임목사님이 자주 하시는 말씀이 있다.
"남을 변화시키려 하지 말고 자신을 변화시켜라. 내가 변하면 내 주변은 자연스럽게 변한다."
최근 내 주변에서 일어난 일련의 변화들로 나는 이 말씀을 실질적으로 경험하게 됐다. 말씀을 좇아 내가 움직이니, 내 주변도 함께 움직이기 시작했다. 앞으로도 주께 받은 말씀으로 변화되는 일에 힘쓰길 원한다.

받은 말씀을 전하라

오○○○

2023년 8월 몽골 단기선교를 끝내고 한국에 도착한 날 "선지자 학교를 세울 것이다"라고 선포하신 담임목사님의 말씀은 말씀을 사모하는 내게 더욱 큰 의미로 다가왔다. 그로부터 3개월 후, 11월 16일 목요일 오전 6시 30분, 아침 예배로 담임 목사님과 소수의 사람이 모였는데 그때 목사님께서 "오늘 이 모임이 선지자 학교다"라고 선포하셨다.

그렇게 학개서 2장 말씀으로 선지자 학교가 시작되었다.

'선지자는 하나님의 말씀이 임한 사람이며, 임한 말씀을 선포하는 사람이다. 내게도 하나님의 말씀이 임해야 하며, 말씀이 임하면 내 입을 닫고 받은 말씀을 흔들림 없이 전해야 한다.'

이것이 첫날 우리에게 주신 메시지였다.

이 시대에 하나님의 말씀을 받은 선지자들이 일어나야 한다는 목사님의 말씀에 나는 하나님의 말씀에 집중하고 싶었고, 또 순종하고 싶었다.

하루는 사람들과 길을 나서는데, 골목길에 담배를 피우러 나온 한 아저씨를 목격했다. 그 순간 내 안에 그분에게 그리스도를 전해야 한다는 마음이 들었다. 하지만 사람들과 함께 이동 중인 상황이었기에 잠시 발걸음을 멈추고 고민했다. 그때 내 마음에 강하게 말씀이 떠올랐다.

[에스더 4:14]

이 때에 네가 만일 잠잠하여 말이 없으면 유다인은 다른 데로 말미암아 놓임과 구원을 얻으려니와 너와 네 아버지 집은 멸망하리라 네가 왕후의 자리를 얻은 것이 이 때를 위함이 아닌지 누가 알겠느냐 하니

하나님의 말씀이 내게 임한 것이다. 내 몸은 이미 그분께 향하고 있었는데, 내 의지가 아닌 말씀이 나를 사로잡고 있음을 알 수 있었다.

"아저씨 안녕하세요? 예수님 믿으세요."

그다음에는 그분께 내가 무슨 말을 했는지 도통 기억이 나질

않는다. 어리둥절한 얼굴로 나를 빤히 쳐다보는 그분께 나는 마지막으로 말했다.

"아저씨가 왜 이 타이밍에 담배를 피우러 나오셨을까요? 이때를 위함이 아니겠습니까? 예수 그리스도를 듣게 하시려고요. 아저씨는 복이 있으세요. 그리고 아저씨의 하나님은 살아 계십니다."

그렇게 전한 뒤 나는 계속해서 가던 길을 갔다.

하나님의 말씀이 임하면 믿음 외에도 담대함이 함께 찾아와, 나는 사라지고 오직 그분의 뜻이 나를 사로잡아 이끄신다는 것을 확실하게 경험한 날이었다.

또 하루는 이스라엘을 품고 기도하고 있던 중에 이스라엘 쉘바 국립센터(이스라엘 장애인 협회)가 주최한 이동예술전시회로부터 가야금 특주 요청을 받았다. 하마스와의 전쟁 트라우마를 겪은 장애인들이 그림으로 희망을 표현한 전시회였는데 이미 세계 곳곳을 다니며 전시회를 열고 있었다. 전시 관람 후 최고 경영자 쉘바의 간증이 있었고, 그 후 내 차례가 되어 가야금으로 '고요한 밤, 거룩한 밤'을 연주했다.

그림이 더 보고 싶었던 나는 다시 전시장을 찾았는데 조금 전 간증을 했던 쉘바 최고 경영자가 내 앞에 등을 지고 서 있는 것이 보였다. 간증을 통해 이분이 유대인이며 장애인 동생을 두고 있다는 사실을 알고 있었던 나는 문득 그분을 보며 이사야 41장 10절 말씀이 떠올랐다. 당시 나는 담임목사님의 권유로 영어 성경을 암송하고 있었는데 하나님께서 이분에게 이 말씀을 전하길 원하신다는 감동을 주셨다.

완벽하게 암송하고 있는 것이 아니었기에 나는 기억을 더듬으며 그분의 어깨를 조심스럽게 톡톡 쳤다. 뒤를 돌아보는 그분께 손가락을 위로 가리키며 말했다.

"The Lord…… I will strengthen you and help you……"

안타깝게도 여기까지 밖에 기억나지 않아 그렇게 말하고는 곧장 그분의 얼굴을 살폈다. 눈을 깜빡거리시더니 살짝 고개를 끄덕이고는 다시 뒤돌아 가셨다. 혹시 내 영어 발음이 좋지 않아 알아듣지 못하셨을까 봐 나는 다시 그분을 향해 외쳤다.

"저기요! Isaiah 41:10."

그러자 가던 길을 멈추고 뒤를 돌아본 그분이 가슴에 손을 얹고 인사하셨다.

"Thank you."
주님이 하신 일이었다.

올해 하마스와의 전쟁으로 한국에서 반 이스라엘 움직임이 일어나던 중, 2월 27일 이스라엘 대사관 앞에서는 인질 구출 및 예루살렘의 평안을 구하는 연합기도회가 있었다. 나는 주사랑교회 장상길 목사님께서 이스라엘 대사 아키바토르를 만나러 가실 때 몇몇 분들과 함께 동행하게 되었다. 정통 랍비이기도 했던 아키바토르 대사는 절대적 보호와 경호가 필요한 분이었기에 항상 경호원과 경찰들이 대동되었다.

대사님이 이스라엘을 지지해 주어 고맙다며 우리 일행에 인사를 건넸고 그렇게 헤어지려 할 때였다. 나는 불현듯 떠오른 말씀이 있어 손을 들고 용기를 내어 "한 말씀 드리고 싶습니다" 라고 말한 뒤 영어로 암송했던 말씀 이사야 43:1을 외워드렸다.

[이사야 43:1]
야곱아 너를 창조하신 여호와께서 지금 말씀하시느니라 이스라엘아 너를 지으신 이가 말씀하시느니라 너는 두려워하지 말라 내가 너를 구속하였고 내

가 너를 지명하여 불렀나니 너는 내 것이라

    그분은 바로 히브리어 성경을 펴시고 소리내어 읽으셨다. 그러고는 눈을 크게 뜨시고 나를 바라보시며 가슴에 손을 얹으시며 감동을 표현하셨다. 그리고 내가 가야금 연주를 할 때 초대해 달라고 하시며 감사의 인사를 건네셨다.

    내가 할 일은 선지자 학교에서 배운 대로 말씀이 임하면 그저 순종하는 것이다. 하나님은 나의 모든 것을 다 쓰시는 하나님이시다. 모자라고 부족해도 들어 쓰시는 주님께 감사와 영광을 돌린다.

3
Chapter

약속

Chapter 3
약속

[창세기 17:7]

내가 내 언약을 나와 너 및 네 대대 후손 사이에 세워서 영원한 언약을 삼고 너와 네 후손의 하나님이 되리라

#하나님과의약속 #사람과의약속 #신뢰관계회복에서 #믿음이싹튼다

하나님의 약속을 믿으십니까?

이 질문에 많은 분들이 '네'라고 대답할 것입니다. 하지만 실제로 하나님의 약속의 말씀을 믿고 사는 것은 그리 쉬운 일이 아

닙니다. 하나님은 성경을 통해 우리에게 수많은 약속을 하셨지만, 그중 한 가지도 제대로 믿지 못하고 살아가는 것이 우리의 실상입니다.

그토록 하나님의 약속을 믿지 못하는 이유는 무엇일까요?

바로 우리 자신이 약속을 지키지 않는 사람이기 때문입니다. 그래서 하나님의 약속도 잘 믿지 못합니다. 반대로 스스로 약속을 잘 지키는 사람이 된다면 하나님의 약속 또한 신뢰하는 사람이 될 수 있습니다. 우리는 먼저 사람과의 약속을 잘 지켜야 합니다.

서울 큰터교회는 6시 30분 아침 모임에 늦으면 1분당 벌금 5만 원을 냅니다. 어떤 사람은 벌금으로 수백만 원도 내지요. 이토록 저희는 약속을 중요하게 여깁니다.

벌금을 내게 했더니 사람들이 약속 시간에 늦지 않습니다. 하나님의 거룩한 뜻을 위해서가 아니라, 벌금을 내지 않기 위해서지요. 우리가 하나님의 약속은 무시하기가 쉽습니다. 하지만 벌금은 무서운 게 현실입니다.

교역자 회의 시간에도 간혹 늦는 사람이 있었습니다. 그래서 늦으면 벌금을 내기로 했습니다. 저희는 타협이 없습니다. 하기로 하면 바로 실천합니다. 그러자 벌금을 물지 않기 위해 다들 시간 전에 안전하게 도착합니다. 그러다 보니 자연스럽게 좋은 열매가 생긴 것이 있습니다. 바로 지각하거나 이탈하는 자가 없는, 아주 강력한 조직이 탄생했다는 것입니다.

우리는 하나님의 약속을 어떻게 성취해 나가야 할까요?
먼저 사람과의 약속을 소중히 여기고 지키기 시작해야 합니다. 그러면 하나님과 만나는 시간 또한 소중히 여기게 됩니다. 보이는 사람도 사랑하지 않으면서 보이지 않는 하나님을 사랑한다는 것은 거짓입니다.

하나님은 살아계신 분이라는 사실을 세상에 어떻게 증명해 보이겠습니까? 바로 우리가 그 증거가 되어야 합니다. 그래서 약속을 지키는 것은 무척 중요한 일입니다.

약속은 신뢰와 관계가 있습니다. 일반적으로 약속을 지키는 사람을 '신뢰할 수 있는 사람'으로, 약속을 지키지 않는 사람을 '신뢰할 수 없는 사람'으로 판단합니다. 실제로 우리는 많은 이유를 대며 약속을 지키지 않습니다.

우리 하나님은 어떤 하나님이십니까? 신실하신 하나님, 약속한 것을 이루시는 하나님입니다. 심지어 예수님도 성경 말씀을 그대로 지키셨습니다. 하나님의 뜻을 그대로 이루셨지요. 구약의 약속이 신약의 성취로 나타났습니다. 일 점, 일 획도 성경을 어긴 적이 없으십니다.

반면에 우리 그리스도인들은 어떻습니까? 하나님의 약속을 잘 믿지도, 지키지도 않습니다. 염려하지 말라고 했는데 염려하고, 두려워하지 말라고 했는데 두려워합니다. 왜 그럴까요?

지키지 않았을 때 실제 삶의 현장에서 페널티가 없기 때문입니다.

한국 교회가 회복되려면 신뢰가 회복되어야 합니다. 먼저 사람과 사람 사이에 신뢰가 회복되어야 합니다. '예수 믿는 사람은 약속을 지킨다', 그리고 '그들은 하나님의 약속을 믿는다', 이러한 고백이 우리 주변 사람들로부터 흘러나와야겠습니다.

하나님 앞에서의 정직한 계산

정◯◯

교회와 나라를 살리는 10가지 지침은 나중에 2가지가 추가된 것으로, 처음에는 8가지 지침이었는데, 이 8가지 지침 중 첫 번째가 바로 '약속'이었다.

나는 10가지 지침 중 하나님과 사람 앞에서 개인의 삶의 실제가 극명하게 드러나는 것이 바로 '약속'이라고 생각한다. 특별히 우리 교회는 몇 가지 유익을 위해 자발적인 벌금 제도 시행하고 있다. 즉 하나님과 사람들 앞에서 약속을 지키지 못할 경우, 벌금을 낼 수 있게 했으며 이 벌금은 선교헌금과 공동체를 위한 용도로 사용되고 있다.

벌금 제도는 연약한 육체를 길들인다는 목적에 확실히 큰 효과를 보여주고 있다. 사람 간 약속을 지키는 것으로 하나님 앞에서의 삶을 훈련하는 것이다. 특히 금전 앞에서 예외 없이 긴장하는 우리의 마음과 태도는 우리를 훈련하는 유용한 도구가 된다. 목사인 동시에 교회 내 연장자인 나는 이러한 훈련 앞에 부담이 큰 것이 사실이다.

나의 이 약속 훈련은 3년 전 남양주 선교훈련센터에서 시작되었다. 10여 명이 공동체 생활을 했는데, 숙소가 혼자 떨어져 있던 나는 아침 6시 30분 큐티 모임에 늦을까 봐 늘 유독 긴장 상태에 있었다. 알람이 꺼져 있거나 혹 다른 변수가 생겼을 경우, 분당 계산되는 벌금이 어디까지 불어날지 알 수 없었다. 그렇게 긴장하며 주의를 기울였지만, 몇 번 지각을 하게 되면서 많은 금액을 벌금으로 냈다.

약속을 지키는 과정에서 어떻게 실수하고 부족할 때가 없겠는가. 하지만 그 실수의 대가를 감사함으로 치를 수 있었던 이유는 공동체가 정한 원칙을 말씀 실천의 기회로 여겼기 때문이다.

최근 내게 밀린 벌금이 있었다. 기도하던 중 나는 밀린 벌금을 그달 교회 선교헌금의 씨앗헌금으로 하나님께 드리기로 결심했다.

올해 나는 선교목사라는 새 직임을 받았는데, '3000 선교사 파송'의 비전을 놓고 쉼 없이 기도해야 하는 자리였다. 매월 보내야 하는 선교헌금 5천만 원이 채워지도록, 그렇게 되기까지 최소 매월 3천만 원의 선교헌금이 채워지도록 기도해야 할 책무가 있었다. 그래서 당시 씨앗헌금으로 벌금을 드리기로 결심한 순간, 내 안에 세상이 줄 수 없는 기쁨이 샘솟는 것을 느꼈다. 이 모든 것이 하나님 나라를 위해 사용된다는 것에 그저 감사할 따름이었다.

사람 간에도 약속은 신뢰를 결정하는 요소이다. 특히 하나님 앞에서 지키기로 약속한 모든 부분에 대해 우리는 우리의 삶을 돌아볼 필요가 있다. 나는 일련의 경험을 통해 하나님 앞에서 스스로 정직한 계산을 해보는 것이 개인의 영적인 삶에 매우 유익하다는 것을 깨달았다. 다윗은 고통 중 깊은 회심의 기도를 드리면서 '하나님께서는 중심의 진실함을 원하신다'라고 고백한다. 이것만큼 확실한 보증이 어디 있겠는가.

벌금이라는 도구가 말씀 속 약속에 대한 깊은 이해를 돕고 하나님과 나 사이의 간격을 좁혀 준다면, 벌금은 더없이 복된 도구가 될 것이다. 나는 주님이 부르시는 그날까지, 아버지 뜻을 성취하기 위해 십자가 사랑을 실천하신, 그 약속의 은혜를 날마다 사모하며 따르고 싶다.

4
Chapter

성경 통독

Chapter 4
성경 통독

[신명기 6:5-9]

너는 마음을 다하고 뜻을 다하고 힘을 다하여 네 하나님 여호와를 사랑하라 오늘 내가 네게 명하는 이 말씀을 너는 마음에 새기고 네 자녀에게 부지런히 가르치며 집에 앉았을 때에든지 길을 갈 때에든지 누워 있을 때에든지 일어날 때에든지 이 말씀을 강론할 것이며 너는 또 그것을 네 손목에 매어 기호를 삼으며 네 미간에 붙여 표로 삼고 또 네 집 문설주와 바깥 문에 기록할지니라

#1개월1독 #살아있는말씀 #잡다한지식보다는 #말씀의지혜

네 번째는 성경 통독입니다. 1개월 1독이지요. 처음 듣는 사람

은 다들 1년 1독으로 잘못 알아듣더군요. 저는 40년 전 처음 1개월 1독을 시작해 지금까지 이어오고 있습니다.

통독할 때마다 저는 계속해서 믿음이 자라는 것을 경험하고 있습니다. 말씀을 보면 기쁨이 있고, 살아계신 하나님이 느껴집니다. 그래서 말씀은 계속 보아야 하는 것입니다. 계속 보면 본 대로, 들은 대로 행동할 수밖에 없습니다.

1개월 1독을 하려면 매일 얼마의 시간을 내어야 할까요? 그저 눈으로 읽거나 소리 내어 읽는 것이 제일 좋겠지만, 성도들에게는 최대한 문턱을 낮춰 지침을 주었습니다. 성경 음원을 배속으로 들으면서 눈으로 성경을 읽어도 된다고 말입니다. 하루 40장 분량을 배속으로 들으면 1시간이면 읽을 수 있습니다. 주일학교 아이들도 할 수 있지요.

성경을 읽는 데 하루 1시간을 못 낼까요? 1시간이 안 되면, 하루 30분은 어떨까요? 사실 시간이 없는 것보다 마음이 없는 이유일 겁니다. 그것은 우리가 주를 위해 살고 있지 않다는 방증이며, 우상숭배에 빠져 있음을 보여주는 증거가 됩니다. '나를 사랑하는 자는 나의 계명을 지키리라'라고 하셨습니다. 계명을 지키려면 계명을 알아야 합니다. 설교 말씀을 듣는 것만으로는 결코 충족될 수 없습니다.

성경을 보지 않으면 우리는 그 시간에 무엇을 할까요? 많은 사람들이 시간을 허비하고 삽니다. 세상을 위해 쓰는 시간은 아깝지 않지만, 주를 위해 시간을 쓰는 건 아깝게 느껴집니다. 왜 그럴까요? 무지에서 비롯된 것입니다. 주께 구원받은 우리는 주를 위해 존재합니다. 그렇다면 주를 위해 시간을 쓰는 것이 당연합니다.

앞서 하나님과의 약속에 대해 나누었습니다. 우리는 하나님과의 약속을 지키는 사람으로 부름을 받았지만, 그 약속이 무엇인지 모른다는 것이 우리의 현실입니다. 하나님의 말씀은 없고 잡다한 지식과 경험만 쌓여서 인간적인 생각과 판단이 난무합니다. 하나님의 살아있는 말씀이 실종된 것이 오늘날 우리의 모습입니다.

하나님의 약속이 얼마나 위대한지, 얼마나 놀라운 지혜인지 알아야 합니다. 하나님이 그의 약속대로 세상을 인도해 가신다는 사실을 인지할 수 있어야 합니다. 그렇지 않으면 성경에서 지적한 대로 '지식이 없어 망하는 백성'이 되는 겁니다.

성경 통독은 장기적으로 성곽을 쌓는 것과 마찬가지입니다.

통독은 성경을 전체적으로 읽는 것이기에 매 구절이 눈에 들어오지 않을 때도 많습니다. 어떨 때는 일주일 내내 아무런 깨달음이 없을 때도 있지요. 하지만 그 말씀들이 차곡차곡 내 안에 쌓이고 있음을 기억하십시오. 말씀이 나의 일부가 되어가고 있는 것입니다. 1, 2개월 해보고 안 된다고 포기하면 안 됩니다. 1년, 2년, 10년, 계속해 보십시오. 어느새 살아계신 하나님의 말씀이 삶 속에서 움직이기 시작할 겁니다.

선순환의 트랙 안으로

이 □□

성경 1개월 1독, 2021년 9월 18일 시작, 현재 2년 10개월째.

"1개월 1독이요?"
'아주 특별한 달, 그달은 성경만 읽겠다고 작정한다면 인생에 한 번쯤은 도전해 볼 수도 있겠지만…… 매달 1개월 1독이 과연 가능할까?'
'하루에 4, 50장은 읽어야 할 텐데 그러려면 최소한 2시간 이상은 걸릴 테고……'
'꾸준히는 할 수 있을까?'

할 수 없을 것 같다는 부정적인 생각들이 물밀듯이 밀려왔지만 일단 담임목사님과 약속을 했고, 무엇보다 당시 내게 말씀 읽기가 꼭 필요하다고 느낀 터라 나는 용기 내어 1개월 1독에 도전했다. 그렇게 시작된 나의 1개월 1독은 이제 약 2년 10개월에 접어들었다.

시작할 때는 일단 시간을 확보해야 할 것 같았다. 먼저 방해를 받지 않을 만한 시간, 매일 밤 9시부터 11시까지로 통독 시간을 정했다. 없던 스케줄을 끼워 넣으면서 저녁 2시간을 위해 일상생활에서 시간의 다이어트를 해야 했다. 되도록 사적인 모임을 줄이고 처리해야 할 일들은 허락된 시간 안에 처리하기 위해 애썼다.

처음에는 잘 되는 듯했지만, 말씀을 읽다가 어느새 졸고 있는 나를 자주 발견했다. 에너지를 다 소비하고 하루를 마감하는 시간에 읽으려고 해서 그런가 싶어, 새벽기도 후로 통독 시간을 조정하기도 했다. 그러나 아침은 아침대로 졸리고 밤은 밤대로 졸렸다. 나중에 목사님의 조언을 통해 그 이유를 알게 됐다.

말씀 읽기를 한꺼번에 숙제하듯 해치우려고 하지 말고, 하루에도 틈틈이 말씀을 가까이하는 습관을 가져보라고 조언해 주셨다. 말씀이 꿀보다 달아서 나도 모르게 몇 시간씩 성경에 빠져 있으면 모르겠지만, '숙제'를 2시간씩 하려고 했으니 얼마나 힘들었겠는가. 그러고 나서 가만히 생각해 보니 하루를 살 때, 사람을 기다리는 시간, 이동하는 시간 등 생각보다 '어중간한 시간'이 많다는 것을 알게 됐다. 자칫 쉽게 흘려보낼 수 있는 시간을 활용해야 했다.

하지만 말씀을 볼 때 졸리는 현상은 계속되었다. 말씀만 보면 시도 때도 없이 졸렸다. 그럴 때마다 어김없이 부정적인 생각들이 떠올랐다.

'말씀이 와닿지 않고, 그저 글자로만 보이니 졸리지.'

'무슨 뜻인지, 무슨 내용인지도 모른 채 그냥 읽으려고만 하니까 잠이 오지.'

그렇다고 궁금한 것을 일일이 찾아보려고 하면 1장은 고사하고 1절도 넘어가지 못할 날이 많을 것이다.

'이렇게 읽는 것이 무슨 의미가 있는 것일까? 과연 이 방법밖에 없을까? 더 효율적인 방법은 없을까?'

그래서 나는 이런저런 대안을 만들면서 별의별 시도를 다 해봤지만 결국 얼마 가지 못했다.

성경 1개월 1독의 최고 경력자이신 담임목사님께서 여러 번 하신 말씀이 있다.

"말씀 읽기는 우리가 말씀 읽는 걸 너무나 싫어하는 원수가 존재한다는 사실을 인식하고, 그 원수에 정확하게 대응해야 하는 영적 싸움이다!"

동일한 걸림돌에 반복적으로 넘어져 보니 그 원리가 확실히 체득되는 것 같았다.

통독은 종이 성경으로 직접 읽는 것이 제일 좋다고 하지만 이동이 많은 날에는 귀로만 듣거나 스마트폰으로 읽는 경우도 있다. 하지만 대부분 귀로는 오디오 성경을 들으며 눈으로는 성경책을 따라 읽는다. 읽다가 궁금해서 찾아보고 싶은 구절이 있으면 메모해 놓고 나중에 찾아보기도 하지만 확실히 그때그때 바로 찾아본 내용이 기억에 오래 남는다. 또 통독하면서 전도, 기도, 여호와를 기뻐하는 것 등 주제별로 말씀을 수집하는 재미도 쏠쏠하다.

우여곡절 끝에 2년여의 세월이 흘렀고, 통독 횟수도 그 시간만큼 쌓였다. 물론 날림 공사하듯 말씀을 정성스럽게 읽지 못한 날도 많았다. 하지만 계속해서 하나님 말씀 속에 사는 것이 기쁘고 감사하다.

혼자였다면 하지 못했을 일이다. 말씀이 곧 하나님이심을 날마다 선포해 주시는 담임목사님과, 밤 12시 전에 통독 완료를 보고하지 않으면 벌금이 쌓여간다는 압박감으로 같은 날 같은 본문을 읽고 있는 지체들이 있었기에 가능했다.

성경 1개월 1독은 내게 창세기부터 요한계시록에 흐르는, 예수 그리스도를 통한 하나님의 사랑과 계획을 한눈에 보게 해주었다.

그러자 말씀을 더 많이 알고 싶은 열정이 생겼다. 연관된 말씀을 더 많이 찾아보고 싶었다. '말씀을 이렇게 후다닥 읽는 것이 무슨 소용이 있을까'라는 부정적 생각으로 통독을 시작조차 하지 않았다면 절대 경험하지 못했을 일이다.

말씀이 재미있으니까 읽고, 읽고 나면 좋아서 또 읽고 싶었다. 이러한 선순환의 트랙 안으로 들어오기 위해서는 말씀 읽기가 영적 싸움임을 깨닫고 영적 전투 자세로 말씀을 읽어가야 한다.

[디모데전서 4:6-8]

네가 이것으로 형제를 깨우치면 그리스도 예수의 좋은 일꾼이 되어 믿음의 말씀과 네가 따르는 좋은 교훈으로 양육을 받으리라 망령되고 허탄한 신화를 버리고 경건에 이르도록 네 자신을 연단하라 육체의 연단은 약간의 유익이 있으나 경건은 범사에 유익하니 금생과 내생에 약속이 있느니라

바라기는 성령께서 범사에 유익하고 약속 있는 이 경건생활을 계속해서 치열하게 해 나가도록 도우시기를, 평생 1개월 1독을 통해 지속적으로 말씀을 조명해 주셔서 은혜의 말씀을 깨닫고 실천하기를 간절히 바란다.

아무나 갈 수 없는 큰터교회

박◯◯

10여 년 전 어느 날, 서울행 KTX가 출발하면서 이전에는 상상하지도 못한 새롭고 경이로운 일이 내 인생에 시작되고 있었다. 부산역에서 출발해 서울역에 도착하기까지, 나는 초면이었던 문창욱 목사님 일행과 함께 감사 제목을 나누었다. 그러한 경험이 전무했던 나는 감사 제목을 한 번만 나누면 될 거라고 생각했다. 하지만 웬걸! 아주 큰 착각이었다. 종착역에 도착할 때까지 감사 나누기는 계속되었다.

당황스럽기도 하고 더 이상 할 말이 없을까 봐 걱정도 됐지만 더는 감사 거리가 없다고 생각한 순간, 신기하게도 목사님 얼굴만 보면 고구마 캐듯 감사 거리가 줄줄이 솟아 나왔다.
'아! 내게도 이렇게 감사할 것들이 많았구나!'

그런 생각에 새삼 감동이 되면서 나를 돌아볼 수 있는 귀한 시간이 되었다.

그렇게 기차에서 목사님과 얘기를 나누던 중 나는 문득 큰터교회라는 곳에 가봐야겠다는 생각이 들었다. 마음이 바뀌기 전에 빨리 말씀드려야겠다는 생각에 목사님께 "큰터교회를 가야겠습니다!"라고 말씀드렸는데 뜻밖에 목사님은 안 된다고 하시며 "우리 교회는 성경 1개월 1독을 해야 올 수 있다"라고 말씀하셨다.

'에이! 설마 그럴까?'
반신반의했지만, 순간 오기가 발동했다.
'그까짓 것 하면 되지!'
그래서 난 목사님께 성경 1개월 1독을 하겠다고 했다. 그렇게 말을 하긴 했지만 사실 기차 안에서 온갖 생각이 다 들었다.
'할 수 있을 거야! 아니…… 할 수 있을까? 괜한 말씀을 드린 건 아닐까? 못 하겠다고 다시 말할까?'

이런저런 생각을 하다가 결국 아무 말씀도 못 드린 채 기차는 부산에 도착했다. 나와 우리 가족의 큰터교회 생활은 이렇게 시작되었다.

남편은 청년 시절 아주 신실했던 사람으로, 청년회 회장을 하며 교회 생활을 잘 해왔던 사람이었고 나는 어머니(지금은 나보다 성경을 더 잘 읽고 계신다)를 따라 열심히 절에 다니던 사람이었다. 그렇게 결혼한 우리는 아들이 어릴 때까지는 계속해서 교회를 다녔다. 하지만 사회생활로 많은 어려움을 겪으면서 점차 교회와 멀어지게 되었다.

그런 내가 갑자기 성경책을 읽고 있으니 남편은 이게 무슨 일인가 생각했을 것이다. 하지만 그날의 일을 전해 듣고는 진심으로 기뻐했다. 그렇게 우리는 다 같이 큰터교회를 가기로 결심했다. 우여곡절 끝에 성경 읽기를 완료하고 큰터교회에 출석한 날, 문창욱 목사님은 남편을 성경일독학교 교장으로 세우셨다. 지금 생각해도 이해할 수 없는 일이었다. 그렇게 큰터교회 가족이 된 지 벌써 10년이 흘렀다.

오랫동안 성경 1개월 1독을 하고는 있지만 한 번씩 나태해져 못 할 때도 있었고 두 달에 겨우 1독할 때도 있었다. 그런데 신기하게도 그럴 때마다 담임 목사님이 연락해 오셔서 벌금 얘기를 하셨다. 나의 성경 읽기에 대해 항상 체크하고 계신 것 같았다.

그러던 중 교회 권사님 한 분이 성경 1개월 2독에 도전하고 계시다는 말씀을 들었다. 나는 나태하고 게을렀던 자신이 부끄럽기도 하고 지금까지 못 했던 것을 만회해 보자는 생각에 나 역시 1개월 2독에 도전해 보기로 마음먹었다. 한번 해보자 하는 생각으로 매일 기도하며 호기롭게 시작했다.

'1개월 1독도 하는데 2독이라고 못할까'라는 생각에 시작했지만 정말 쉽지 않았다. 며칠은 밤도 새워보고 어느 날은 밤샘 탓에 낮인데도 아무것도 못 하고 잠만 자기도 했다. 무척 힘든 일이었다. 구약을 다 읽어갈 때쯤에는 내가 괜한 짓을 했다는 생각이 절실해지면서 몸살이 나기 시작했다. 그렇게 며칠 병원에 다니며 쉬는 시간을 가졌다. 결국 구약을 끝으로 1개월 2독은 포기하게 되었다.

지금 생각해 보면 부끄럽기도 하고 자신만만했던 내가 민망하기도 하지만 하나님은 이 시간을 통해 내게 성경 읽는 즐거움을 회복하게 해주셨다. 더군다나 1개월 2독을 위해 열심히 성경을 읽었더니 1개월 1독은 너무 쉽게 느껴졌다. 하나님께 무척 감사하다.

지난 5월부터 남편이 다시 성경일독학교 교장으로 쓰임 받게 되면서 교장 와이프라는 이유 하나만으로 성경일독학교 교감으로 세워졌다. 성경 속 무궁무진한 말씀과 진리를 알아가고 있음에 주님께 감사드리고 성경 읽는 기쁨을 알게 해주신 문창욱 목사님께도 깊은 감사를 드린다.

광야학교·물고기 뱃속학교를 떠나는 비결, 성경일독학교

장○○

성경일독학교 교장이라는 직분을 큰터교회에서 받은 지 벌써 10년의 세월이 지났다.

10년 전 큰터교회에 오려면 성경 1개월 1독을 해야 한다는 말을 순진하게 믿었던 나는 어쩔 수 없이 성경 1독을 하고 큰터교회에 오게 되었다. 그리고 얼떨결에 성경일독학교 교장에 임명받아 아무것도 모르는 상태에서 용감하게 일독학교를 운영했다. 당시 일독학교에 함께 했던 주일학교 친구들이 지금은 청년부가 되었다.

그때를 돌아보면 정말 주님의 은혜라고 밖에 생각되지 않는다. 처음 성경 1개월 1독을 하면서 성경과 역사에 배경지식이 없던 나는 창세기를 거쳐 출애굽기 중간까지는 그런대로 스토리가 있어 재미를 느꼈다. 그런데 성막을 지으면서 길이가 몇 규빗, 너

비가 몇 규빗이라는 구절이 반복되자, 그때부터는 힘들어지기 시작하더니, 레위기 때는 진짜 위기가 왔다.

게다가 똑같은 말이 반복되는 민수기를 보면서는 그저 '이하 동문'이라고 말하면 얼마나 좋았을까 싶었고, 잠시 여호수아를 재미있게 읽고 나서는 자기들끼리 땅을 나누는데, 지도를 모르니 그 땅이 그 땅 같아서 또 힘들었다.

하루 분량을 채우려면 시간이 부족했기에 숙제를 해치우듯 매일 정신 없이 성경을 듣고 또 읽었다. 그래서 다른 것에 신경 쓸 여유가 없었고, 자연스럽게 세상 염려할 시간도 없었다. 걱정 많은 분들께 강력히 권해드리고 싶은 것이 있다면, 그것이 바로 성경 1개월 1독이다!

초창기 1개월 1독을 하면서 내 입에서 자주 나온 감탄사가 있었다.

"어이구!"

성경 속 수많은 사람을 보며 절로 탄식이 나왔다. 하나님을 원망하는 광야의 이스라엘 백성들, 적군 앞에서 불순종한 사울, 한 치 앞도 모르고 무시무시한 서원을 해버린 입다…

하지만 통독을 하면 할수록 불순종하는 사울이 나였고, 죄에 넘어진 다윗이 나였으며, 교만한 입을 닫아야 할 사람이 나였다는 걸 깨닫게 됐다. 그뿐만 아니라 실패하고 넘어지는 열왕들을 보며 진정 왕 중의 왕이신 예수님을 고대하며 신약으로 넘어가기를 기다렸다.

하나님의 기적을 직접 보았던 이스라엘 백성들은 약속의 땅 가나안에 들어가지 못했지만, 모세의 신명기 설교를 듣고 믿은 2세대는 여호수아와 함께 가나안에 들어가 약속의 땅을 받고 안식을 누렸다. 하지만 그다음 세대는 자기 소견대로 행하는 다른 세대가 되어버렸다. 그 후에도 선지자 사무엘과 다윗 왕, 히스기야 왕까지, 위대한 지도자를 두었음에도 그들의 2세들은 아버지와 선조들의 길을 따르지 않는 걸 보면서 성경 읽기가 얼마나 중요한 것인지 더욱 느낄 수 있었다. 우리의 다음 세대가 다른 세대가 되지 않기 위해서는, 다른 어떤 유산보다도 성경 읽는 습관을 물려주는 것이 제일 중요하다는 생각이 들었다.

큰터교회에는 여러 학교가 있다.
광야학교, 물고기 뱃속학교 그리고 성경일독학교…… 지난

10년의 삶을 돌아보면 광야학교와 물고기 뱃속학교로 시도 때도 없이 들락날락한 듯하다. 하지만 성경일독학교로 다시 돌아오고 나면 어려운 고난의 시간에도 말씀을 통해 주그 시간을 수월하게 견디고 이겨 낼 수 있었다.

혹 지금 광야학교나 물고기뱃속학교에 계셔서 그 학교에서 속히 떠나고 싶은 분들이 있다면 하루빨리 성경일독학교로 오시라고 권하고 싶다!

성경을 천천히 읽고 묵상하는 것도 중요하지만 한 번에 많은 양을 읽는 것도 매우 중요하다. 바라기는 나의 성경 1개월 1독이 지하에서 생수가 터져 나오듯 날마다 예수님을 발견하고 더 깊이 알아가는 시간이 되기를, 그래서 말씀이 내 입술을 떠나지 않고 마음에 새겨져 실제 그 말씀대로 살아갈 수 있기를 진심으로 바란다.

지금까지 큰터교회 공동체와 함께할 수 있어 감사하고, 앞으로도 주님 오실 날을 기다리며 하나님 나라를 함께 이루어 가도록 매일 말씀으로 열심히 살아내는 우리가 되기를 소원한다.

하나님의 한량없는 은혜

안☐☐

8, 9년 전 처음 문창욱 목사님으로부터 성경 1개월 1독을 권면 받았을 때가 생각난다. 그때 생업이 바쁜데 어떻게 1개월 1독을 할 수 있겠느냐고 순간적으로 반발했지만, 나는 곧 생각을 고쳐먹었다.

'내게 덕이 되라고 권면하신 것이지, 설마 목사님이 나쁜 일을 시키겠는가? 다른 것도 아니고 하나님의 말씀인 성경을 읽으라고 하는 건데!'

힘들겠지만 한번 해보리라 결심한 나는 그렇게 1개월 1독을 시작했다. 첫 달 1독을 마쳤는데 당시 하나님께서는 내게 특별한 은혜를 부어 주셨다. 1억 원, 그러니까 평소 수입의 약 10배~20배 가량을 벌게 해주셨다! 여태 살아오면서 단 한 번도 번 적 없는 돈이었다!

그런 감사한 은혜에도 불구하고 나의 1개월 1독은 더 이상 진행되지 않았다. 세월이 흘러 10일 금식기도를 하면서 10일간 성경을 1독 한 적은 있지만 일상에서 1개월 1독은 지키지 못했다. 지금 생각하면 주님의 그러한 호의를 받고도 왜 계속 성경을 읽지 않았는지 스스로 의아하기도 하고 후회가 되기도 하지만, 이미 지난 일이기에 돌이킬 수 없음을 안다.

작년 큰터교회 등록 후 나는 믿음이 자라려면 반드시 성경을 읽어야 한다는 담임 목사님의 설교를 통해 다시 1개월 1독을 결심했다. 8월 중순에 시작해 8개월 8독을 마친 지금은 9개월 9독을 진행 중이며 통독을 통해 많은 은혜를 누리고 있다.

첫째는 나의 믿음이 자라고 있다는 것을 느낀다. 하나님의 말씀이 내 삶의 기준이 되니 이처럼 감사한 일이 없다. 둘째는 성경 말씀을 아는 깊이가 더해져 본문 이해도가 높아졌다. 성경이 참 은혜롭다고 느껴지고 무궁무진한 하나님의 섭리와 경륜을 조금이나마 알아가고 있으니, 이 또한 고맙고 감사하다! 12개월 12독을 마치면 본격적으로 성경 본문을 공부하고 연구해 보고 싶다.

이 글을 쓰고 있는 지금도 예기치 않은 은혜가 부어지고 있다. 처음 1개월 1독을 했을 때 주님께서 1억을 벌게 해주셨지만, 담임 목사님께서 성경 1독과 관련해 1억 원의 수입을 언급하셨던 적은 지금껏 한 번도 없었다. 그런데 최근 목사님께서 감사 나눔의 시간에 갑자기 내게 성경 통독에 대해 간증하라고 하셨다. 또 그다음 주에는 서울 큰터교회에서 예배를 드리는데 설교하시면서 불쑥 내게 성경 1독을 하고 얼마나 벌었느냐고 공개적으로 질문하셨다. 나는 속으로 목사님의 촉이 보통이 아니라는 생각이 들었다. 감사 나눔을 할 때만 해도 그달 수입이 약 3,500만 원 정도였는데, 한 주 뒤 서울 큰터교회에서 예배를 드리던 날에는 약 7,500만 원 정도까지 월수입이 늘어나 있었다.

나는 이러한 일이 우연한 상황이 아님을 느꼈다.
'이번 달에 특별히 많은 돈을 벌고 있음을 어떻게 아셨을까? 집사람도 모르는데…… 여태껏 한 번도 언급한 적이 없으셨는데 이달에는 두 번이나 공개적으로 말씀하시다니…… 혹 하나님께서 처음 1개월 1독을 했을 때처럼 1억 원을 벌게 하시려나?'
나는 세 가지 이유로 이 일을 놓고 하나님께 기도해야겠다는 생각이 들었다. 그 이유는 첫째, 하나님께 영광을 올려 드리도록, 둘째, 나의 간증이 목사님의 설교 거리로 풍성하게 쓰임 받도록,

셋째, 현재 가진 빚으로부터 빨리 벗어나도록! 아직 이달 말까지 이틀이 남았는데 과연 1억 원을 돌파하게 될지 궁금하다. 하나님의 은혜와 역사를 단지 금전의 양으로 의미를 부여하는 건 아니다. 말씀 통독의 은혜를 싸구려 취급하고 싶은 생각은 추호도 없다. 다만 나는 내게 행하시는 하나님의 한량없는 은혜에 대해 더 주의 깊게 살펴보려고 한다.

나는 자신 있게 권면할 수 있다. 성경 1개월 1독은 실로 많은 은혜가 있다! 최선을 다해 1개월 1독을 해 보라고 진심으로 권하고 싶다. 한 번으로만 그치지 말고 1개월 1독을 계속해 보라! 그러면 분명 하나님께서 각자에게 합당한 은혜를 물 붓듯이 부어 주실 것이다! 성경 1개월 1독을 하는 분들에게 하나님의 한량없는 사랑과 은혜가 충만하기를 기도한다.

주신 은혜에 감격하여 1개월 2독을 하다

박□□

2023년 12월, 나는 내 삶을 돌아보는 시간을 가졌다. 하나하나 세어보니 살아온 모든 것이 은혜였다.

때로는 곧은 길을 걷고, 때로는 굽이진 길을 걸었으며, 어떨 때는 작은 폭으로 걷기도 하고, 또 어떨 때는 큰 폭으로 뛰어넘기도 했다. 어디로 갈지 알 수 없어 그저 우두커니 서 있어야 할 때도 있었다.

연말연시가 되면 매년 습관처럼 한 해를 돌아보며 생각을 정리했는데, 그날은 하나님의 은혜가 마치 금방이라도 터질 듯한 풍선처럼 내 머릿속을 가득 채우고 있음을 느꼈다.

'하나님의 은혜! 그래, 말씀 속으로 들어가 하나님의 사랑을 느끼고 속삭여 봐야겠어. 그리고 그 은혜에 대해 하나님께 진심의 감사를 전해야지!'

그래서 나는 성경 1독을 결심했다. 하지만 큰터교회에서는 성경 1개월 1독이 기본이었기에, 주님의 은혜에 더 크게 반응하고 싶었던 나는 12월 29일, 성경 2주 1독을 시작했다.

세 끼 식사와 청소, 빨래 등 일상생활과 2주 1독을 병행하는 것은 쉬운 일이 아니었다. 어느새 손발이 저리고, 다리와 무릎, 엉덩이 등 평소 아프지 않았던 곳까지 통증이 오기 시작했다. 카페인을 섭취하면 새벽 4시까지 잠이 들지 않던 내가 성경 2주 1독을 시작하고 나서는 커피를 마셔도 수시로 잠이 쏟아졌다.

하지만 신구약을 단번에 읽으면서 나는 은혜 속에 빠져들었다. 유난히 '사랑'과 '은혜', 이 두 단어가 크게 눈에 들어왔다. 그때마다 가슴이 울컥해 금세 눈앞이 흐려졌다. 하나님 앞에서 나는 먼지임을 되뇔 수밖에 없었다. 그렇게 나는 14일 만에 1독을 마쳤다.

'감사합니다. 아멘!'

그 후 나는 딱 하루 두 다리 뻗고 푹 쉬었다. 그리고 다시 2주 1독에 도전했다. 그 이유는 간절한 기도 제목이 있었는데, 바로 말씀 안에 녹아든 기도를 하고 싶었기 때문이다.

한 번은 내 모습이 너무 안쓰러워 보였는지 남편이 말했다.
"그냥 1개월 1독만 해도 되니까 너무 힘들게 하지 마."
하지만 난 결의에 찬 얼굴로 응수했다.
"큰터교회에서 1개월 1독은 개나 소나 다 하잖아. 나는 1개월 2독을 해야겠어."

그렇게 시작된 두 번째 2주 1독도 쉽지는 않았다. 중간에 기침을 동반한 감기에 걸려 온종일 누워 있기도 했고, 내 마음을 요동치게 한 사건도 있었다. 평소 같으면 툴툴거리며 포기했을 테지만, 이번만큼은 포기하고 싶지 않았다. 주님의 도우심을 열심히 간구하며 무사히 1개월 2독을 마쳤다.

나의 힘과 지식으로 가능한 계획이 아니었다. 한 달 동안 몸과 마음이 말씀 속에 푹 잠겨 있던 것을 떠올려 보면, 정말 꿈속에 있었던 것만 같다. 주님께 모든 것이 은혜였다고, 진심의 고백을 올려드릴 수 있어 감사했다.

이제 나는 다시 1개월 2독을 꿈꾸고 있다. 말씀이신 하나님과 언제든 함께 할 수 있어 감사하다. 1개월 2독을 허락하신 하나님께 감사와 영광을 올려드린다.

5
Chapter

아침 묵상

Chapter 5
아침 묵상

[열왕기상 19:12]

또 지진 후에 불이 있으나 불 가운데에도 여호와께서 계시지 아니하더니 불 후에 세미한 소리가 있는지라

#말씀을사랑하여 #말씀과더불어 #나를변화시키는힘 #세미한주의음성

다섯 번째, 아침 묵상입니다. 다른 말로 하면 '큐티'라고도 하죠. 통독이 성경을 전체적으로 보는 거라면, 큐티는 주님의 말씀을 보다 정확하고, 깊게 묵상하는 것입니다.

주님은 우리가 매일 가지는 말씀 묵상 시간을 통해 말씀하십니다. 일례로 저는 설교를 위해 원고를 준비하지 않습니다. 주님의 말씀만 그대로 전하고자 오래 전부터 의도적으로 그렇게 하고 있습니다. 결코 쉬운 일은 아닙니다. 강단에 섰는데 갑자기 말씀이 생각나지 않는다면? 그 얼마나 불안하고 위태로운 일입니까? 모든 성도가 주의 말씀을 듣고자 예배 시간에 나아왔는데, 아무것도 없이 강단에 선다는 것은 무모한 도전일 수 있습니다.

어떻게 그것이 가능할까요? 말씀이 수단이 아니라 목적이 된다면 가능합니다. 평소 말씀을 사랑하고, 말씀을 붙잡고, 말씀과 더불어 사는 삶을 사십시오.

소그룹에서 말씀을 전할 때도 마찬가지입니다. 성경 외에는 교재도 없습니다. 주님이 말씀해 주시기 때문입니다. 혹자는 말씀을 주관적으로 해석할 소지가 있다고 반문하겠지만, 중요한 것은 그 시간 주께서 직접 말씀으로 역사하신다는 것입니다. 그럴 때면 제가 생각지도 못한 방향으로 말씀이 풀어집니다. 바로 거기서 치유가 일어나고, 악한 귀신이 떠나가며, 문제가 해결되는 역사가 일어납니다.

그 모든 것이 가능한 이유가 바로 아침 묵상 시간 때문입니다.

사람은 잘 변하지 않습니다. 하지만 진지하게 매일 아침 묵상 시간을 가져 보십시오. 놀라운 변화가 일어날 것입니다. 큰터교회 성도들 또한 그 시간을 통해 변화되고 있습니다. 하나님의 살아있는 말씀이 계속 공급되고 있기 때문입니다. 사실 안 변하는 것이 기적이지요.

[요한복음 1:1]

태초에 말씀이 계시니라 이 말씀이 하나님과 함께 계셨으니 이 말씀은 곧 하나님이시니라

하나님을 어떻게 만날 수 있습니까?

하나님과의 만남은 육신의 눈으로 만나는 것이 아니라, 말씀으로 만나는 것입니다. 말씀을 만나십시오. 하나님을 만났는데 변화되지 않을 사람이 있겠습니까? 한국 교회 그리스도인들은 굉장한 믿음이 하나 있습니다. 바로 안 된다는 믿음이지요.

그런 한국교회가 변화될 수 있을까요? 물론입니다. 변화될 수 있습니다. 사람을 변화시키는 것은 양질의 프로그램이 아니라, 하나님의 말씀입니다. 그것이 바로 살아있는 말씀의 능력입니다.

매일 말씀을 나누는 기쁨

김 ☐☐

15, 6년 전 큰터교회에서 처음 신앙생활을 시작했을 때, 일주일에 한 번 모이는 사랑방 모임에서 큐티 나눔을 한 적이 있다. 큐티가 무엇인지도 모를 때 참여하기 시작했다. 큐티는 성경 본문을 읽고, 묵상하고, 적용한 것을 하루 동안 실천하는 것이라고 들었고, 나름대로 열심히 그렇게 흉내 내며 큐티라는 것을 시작했다.

처음에는 본문 말씀이 깨달아지지도 않고 맥을 잡기도 어려워 큐티하는 것이 힘들게 느껴졌다.

혹자는 큐티는 아침, 하루를 시작하기 전에 하면 좋다고 하지만, 아침 시간이 바쁘다는 핑계로 늦은 밤에 부랴부랴 숙제처럼 할 때도 많았다.

서툴렀지만 그렇게 열심히 큐티를 하고 있던 10여 년 전 어느 주일 외부 강사 목사님께서 큐티의 중요성에 대해 말씀하신 후, 큐티 시간에 묵상한 내용을 여러 사람에게 나누라고 도전하셨다.

그 후 문창욱 목사님은 전체 성도에게 매일 큐티 문자를 보내주셨고, 성도들도 목사님께 큐티 문자를 보내게 하셨다. 목사님께 큐티 문자를 보내지 않으면 벌금이 100만 원이었기에 매일 큐티를 할 수밖에 없었다.

그리고 묵상한 내용을 여러 사람에게 문자로 나누라는 말씀에, 나 또한 언젠가부터 30명 이상에게 큐티 문자를 보내기 시작했다. 그렇게 시작한 큐티 문자는 내가 꾸준히 큐티할 수 있게 된 계기가 됐다.

그러다 보니 처음과 다르게 성경 본문 말씀도 점차 깨달아지기 시작했고 전체적인 맥도 잡을 수 있었다.

또한 말씀에 대한 구체적인 질문에 답을 하며 큐티에 정성을 쏟기 시작하면서 나의 말씀 묵상 시간이 더더욱 풍성해지기 시작했다.

10여 년을 한결같이 매일 말씀을 묵상하고, 그 묵상한 내용을 다른 사람에게 나눌 수 있었던 것은, 내 힘이 아닌 오직 하나님의 은혜와 인도하심이 있었기에 가능했다. 하나님께 무척 감사하다.

　교회에 잘 나오지 않던 모 집사님께도 묵상한 내용을 꾸준히 보내고 있었는데 최근 다시 교회에 잘 나오시면서 성경 공부 모임에도 참석하고 계신다. 집사님은 지난 십여 년간 단 한 번도 답장하지 못했음에도 지금까지도 꾸준히 큐티를 보내주고 있는 것에 대해 고맙다며 인사해 주셨다. 매일 드리는 그 문자가 그분께 작은 도전이라도 될 수 있다면 이보다 더 감사한 일이 있을까.

　지난 시간을 돌아보니 하나님께서 매 순간 내 인생을 평탄하고 형통한 삶으로 인도해주셨음을 느낄 수 있었다. 그것은 다른 무엇보다 하루하루 말씀을 묵상하며 그 말씀에 순종하려 애쓰는 큐티 시간이 있었기 때문이다.

　매일 아침 조용히 주님 앞에 나아가 주님이 들려주시는 말씀을 듣고 기도로 하루를 시작한 날과 큐티 없이 하루를 시작한 날은 엄청난 차이가 있다는 것을 나는 여러 차례 경험했다. 비록 시작할 때는 숙제하듯 시간에 쫓기며 빠지지 않고 매일 해내는 것에 급급했지만, 지금은 그 시간을 통해 말씀을 더욱 사모하게 되었다. 하나님의 말씀에 우선순위를 드려 거룩한 습관을 지닐 수 있도록 인도하신 주님께 감사와 영광을 드린다.

말씀의 거울에 나를 비추는 시간

서○○

큐티를 본격적으로 시작하게 된 것은 대학 시절 선교단체를 통해서였다. 그곳에서 큐티 방법을 배웠고, 매일 아침 'Bible Meeting'이라는 큐티 나눔 시간을 통해 큐티를 실천할 기회도 얻었다. 당시 나는 예수님을 깊이 알아가며 신앙적으로 한창 성장하던 때였는데, 큐티를 통해 하나님의 뜻을 발견하는 기쁨이 있었다. 10절 전후의 본문 말씀을 관찰, 해석, 적용의 큰 테두리 안에서 스스로 질문하고 대답하기를 노트에 기록했는데, 그 시간을 통해 내적인 변화가 많았다.

나의 큐티 시간이 더욱 풍성해지기 시작한 것은 일명 '팡세'를 쓰기 시작하면서부터다. 파스칼의 저서 <팡세>를 본떠 붙인 말인데, 말씀 묵상 외에도 수시로 떠오르는 생각과 마음을 기록하는 노트였다. 별생각이 나지 않아도 시간만 나면 펜을 들고 끄

적였다. 그러다 보니 아침에 묵상한 말씀을 자연스럽게 하루 종일 곱씹어 보게 되었다. 때로는 혼잣말로, 때로는 주님과의 대화로, 때로는 기도문으로, 그때마다 주시는 말씀과 마음을 수시로 기록했다.

물론 어떨 때는 감정의 소용돌이가 고스란히 담기기도 했다. 힘든 시간이 지속될 때는 큐티를 하면서도 육신의 생각으로, 주어진 말씀을 조목조목 반박하며 주께 죄송한 고백을 하기도 했다. 그만큼 큐티 시간은 하나님의 말씀 앞에 가식 없이 솔직한 시간이었다. 팡세가 한 권, 두 권 쌓여 가면서 하나님의 말씀이 나를 인도한 여정도 점차 기승전결이 담긴 스토리가 되어가기 시작했다.

간혹 오래 전 팡세를 읽어보면 매일의 큐티를 통해 하나님께서 내게 말씀하신 것들이 한눈에 들어온다. 과거 겪었던 어려움과 기도하던 제목들이 결국 하나님의 말씀으로 인도함을 받았다는 걸 확인할 수 있다. 그 은혜가 얼마나 큰지 모른다.

대학 4학년 때 나는 1년 간의 해외 자비량 선교를 준비하고 있었는데 당시 나는 하나님께서 그곳으로 나를 부르신다는 것을 확신하고 있었다. 하루는 큐티 말씀 열왕기하 18장 7절 말씀을 묵상하게 하셨는데 그날의 묵상을 나누고 싶다.

[열왕기하 18:7]

여호와께서 그와 함께 하시매 그가 어디로 가든지 형통하였더라 저가 앗수르 왕을 배반하고 섬기지 아니하였고

이 말씀을 통해 나는 그때의 히스기야 왕처럼 나와 함께하신 하나님으로 인해 무척 감사했고 행복하다는 고백을 했다. 그리고 선교지에서 만나게 될 영혼들을 떠올리며, 하나님을 알지 못하고 경험하지도 못한 그들에게 나와 함께하시는 임마누엘의 주님을 전하고 싶다는 마음이 들었다. 그래서 난 그것을 놓고 기도했고, 열심히 복음 전할 준비를 했다. 그런데 내 생각과는 달리 그해 나는 결국 자비량 선교를 떠나지 못하고 졸업을 해야만 했다. 하나님의 부르심과 보내심이 꼭 동시에 일어나지 않는다는 사실을 나중에야 깨닫게 됐지만, 당시 하나님의 인도하심이라 여겼던 많은 부분에 의구심이 들면서 하나님을 향한 믿음까지 흔들리게 됐다.

그때 나는 상한 마음으로 주님께 세 가지 질문에 응답해 달라고 기도했고, 하나님은 정확히 세 가지 모두 말씀해 주셨다. 그중 마지막 질문은 '부르심이 맞는다면, 왜 저를 보내시지 않으시나요?'였다. 그 질문에 하나님은 나의 적나라한 모습을 보게 하셨다.

나를 부르신 하나님의 말씀이 모두 나의 착각일 수 있다는 생각에 의심하며 괴로워하던 내가 팡세에 반복적으로 기록했던 문장이 있었다. 그것은 바로 '하나님, 어디 계십니까? 왜 저와 함께하시지 않습니까?'였다. 과거 큐티 시간에 나와 함께하시는 주님을 선교지 영혼에게 전하고 싶다고 고백했지만, 정작 나는 어두운 터널과 같은 시간을 지나게 되자 나와 함께하시는 하나님을 부정하고 있었던 것이다. 그날 나는 처음부터 내 안에 임마누엘 주님에 대한 온전한 믿음이 없었음을 깨닫게 되었다. 나 자신도 확신하지 못한 것을 어찌 다른 이들에게 전할 수 있겠는가.

이 모든 내용은 과거 기록한 팡세를 통해 정확히 확인할 수 있었다. 하나님의 말씀은 확실했고, 그에 대한 내 반응 또한 변명의 여지가 없었다. 이토록 말씀을 묵상하는 시간은 말씀 앞에서 나를 확인하는 시간이며, 말씀이 나를 변화시키도록 주님께 나를 온전히 맡기는 시간이었다.

10가지 지침 중 아침 묵상은 여러 지침 중에서도 든든하게 내 삶을 받쳐주는 버팀목 같다. 내가 추구하는 삶의 가치나 삶의 실제가 하나님의 말씀과 위배된다면, 하나님은 큐티 시간을 통해 말씀의 거울로 나를 비추며 스스로 확인하게 해주신다. 그리고 필요하다면 시간을 들이고 공을 들여, 내 안에 변화가 필요함을 납득시켜주시고 변화를 주도해 가신다. 지금도 날마다 말씀의 놀라운 세계로 인도하시는 주님의 초청에 감사한 마음을 고백하며, 분주함을 내려놓고 주 앞에 나아가기를 소망한다.

6
Chapter

동행

Chapter 6
동행

[창세기 5:24]

에녹이 하나님과 동행하더니 하나님이 그를 데려가시므로 세상에 있지 아니하였더라

#영광스러운동행 #에녹은어디에 #성전관리 #몸도마음도튼튼

'주님과의 동행'은 한 시간 동안 걸으면서 주님과 동행하는 시간을 가리킵니다. 사람과 대화하지 않고, 주님과 대화하는 시간입니다.

어떨 때는 '주님과의 동행'을 지체들과 함께 하기도 합니다.

길을 걸을 때도 있고, 산에 오를 때도 있습니다. 하지만 서로 대화하진 않습니다. 오직 주님과만 대화하기 때문이지요.

하나님과 대화하는 습관을 기르십시오. 주님의 음성을 들을 수 있습니다. 생활 속에서 주님이 말씀하시는 것을 느낄 수 있습니다. 풀리지 않는 고민이 있으십니까? 주님과 동행해 보십시오. 뜻하지 않게 답을 얻을 수 있을 겁니다.

예수님을 많은 사람이 믿는 것도 중요하지만, 믿는 사람이 제대로 믿는 것도 필요한 시대입니다. 하나님을 믿는다고 하지만 아무런 표시가 나지 않는 사람이 많습니다. 주님과 동행하는 삶을 통해 주님의 음성을 들을 수 있는 내적 능력을 키우십시오.

'주님과의 동행'은 운동으로 건강관리를 도모하는 시간이기도 합니다. 하나님의 사람은 하나님과의 영적인 교제 외에 건강관리도 굉장히 중요합니다. 우리의 삶에 건강과 체력이 뒷받침되지 않는다면, 아무리 좋은 일이라도 얼마 하지 못하고 벽에 부딪히고 맙니다. 가능한 실내를 벗어나 하나님이 주신 햇빛과 자연 속에서 동행할 것을 권해드립니다.

매일 걷는 습관을 통해 영적인 근육과 육신의 근육을 동시에 키우십시오.

내게 주어진 선물, 주님과의 동행

김○○

나는 주로 출퇴근길에 주님과 동행하면서 은혜를 입는다. 지하철을 타러 가는 길과 내려서 교회로 오는 길, 짧지만 강렬한 주님의 임재를 경험한다. 기도를 진지하게 해서도 아니고 말씀을 깊이 묵상해서도 아니다.

새벽부터 하나님을 인지하며 주님과의 동행을 인식하는 날에는 더더욱 그렇다.

하루는 지하철을 타고 빈자리에 앉았는데 갑자기 회개 기도가 터져 나왔다. 물론 소리를 내지는 않았지만 눈을 감는 순간, 주님께 잘못한 일들이 생각나면서 주님께 잘못했다고 빌었다. 나를 불쌍히 여겨달라고 용서를 구했다.

그 후 내 속에서 힘 있는 기도가 시작되었는데, 스스로 하는 기도가 아님을 알 수 있었다. 성령님이 기도를 이끌고 계신다는 것을 느낄 수 있었다.

목적지인 종점에 도착했을 즈음 기도가 멈췄다. 나는 내 영이 기쁨으로 채워지는 것을 느꼈다. 주님께 감사와 영광을 올려드리며 지하철을 내려 가벼운 걸음으로 출근할 수 있었다.

그날은 하루 종일 주님이 무척 가깝게 느껴져 벅찬 마음에 자꾸 눈물이 났다.

비록 환경과 상황이 변하지 않고 해결책이 주어진 것도 아니지만, 그럼에도 세상 끝날까지 떠나지 아니하시는 주님께서 나와 동행하고 계신다. 그것이 우리가 누리는 평안이며, 우리에게 주어진 은혜이다.

나는 내 인생 전부가 이런 날들이기를 소망한다.

[로마서 8:26-27]

이와 같이 성령도 우리의 연약함을 도우시나니 우리는 마땅히 기도할 바를 알지 못하나 오직 성령이 말할 수 없는 탄식으로 우리를 위하여 친히 간구하시느니라 마음을 살피시는 이가 성령의 생각을 아시나니 이는 성령이 하나님의 뜻대로 성도를 위하여 간구하심이니라

주님과 함께 걷는 기쁨

황 □□

"나는야 친구 되신 하나님과 푸른 초장 한없이 거니네. 손을 잡고 기쁨을 누리면서 단둘이서 한없이 거니네."

동행은 한 시간 정도 자연 속을 걸으며 주님의 세미한 음성을 듣는 시간이다. 처음에는 잘 안됐지만, 건강을 위한 운동의 시간이 될 수 있다는 것을 상기하며 빠른 걸음으로 걷기 시작했다. 또 동행을 지나가는 사람에게 전도하는 시간으로 삼기도 했다.

주님은 동행을 통해 치유의 은혜도 주셨다. 과거 선교지에서 마지막 힘을 다해 무리하게 사역을 감당하다가 어깨에 심한 통증이 생긴 적이 있다. 몇 년간 잠도 못 잘 정도로 통증이 지속됐는데 동행을 하면서 나도 모르게 통증이 사라졌다. 많은 재정을 들이며 정형외과를 다녀도 잘 낫지 않던 어깨 통증이 어느 날 자연스럽게 사라진 것이다. 어찌나 감사한지, 하나님이 베푸신 은혜였다.

개인적으로 시간 사용에 대해 마음의 평정을 잃을 때가 있다. 특히 누군가 외부 일을 요청해 왔을 때는 빡빡한 일정에 마음이 어려워지기도 한다. 그런데 '주님과의 동행'이 나의 이러한 마음에 도움이 되었다. 주님과 동행하며, 주님과 함께 그 일을 처리할 수 있기 때문에 한결 여유로운 마음으로 기쁘게 감당할 수 있게 된 것이다.

무엇보다 동행의 기쁨은 주님께서 내게 선하고 아름다운 마음을 부어주실 때, 그 진가가 발휘된다. 내 안에는 선한 것이 없음을 알기에 분명 주님으로부터 온 마음인 것을 안다.

주로 지체를 향한 사랑과 그들을 위해 기도하고 싶은 마음을 부어주시는데, 이는 분명 내 안에서 말씀하시는 성령님의 음성이다. 이런 선한 마음이 부어질 때마다 나는 나와 동행하시는 주님의 음성에 순종하며, 에녹처럼 주님과 함께 걷는 기쁨을행복을 느낀다.

7
Chapter

금식

Chapter 7

금식

[에스라 8:23]

그러므로 우리가 이를 위하여 금식하며 우리 하나님께 간구하였더니 그의 응낙하심을 입었느니라

#몸에힘을빼고 #주께가까이 #하나님의역사를이루는 #회개와간구

저는 매주 금요일 금식을 합니다. 19년째 이어오고 있지요. 이 좋은 것을 저만 하기가 억울해 주변 사람들에게 많이 권해봤지만 선뜻 함께 하는 사람이 없었습니다. 그러다가 교회 식구들이 동참하기 시작하면서 지금은 꽤 많은 분이 금요일 금식에 함께

하고 있습니다.

제가 어릴 때만 해도 주변에 신앙생활 잘하는 사람들이 많았습니다. 철야기도, 금식기도, 성경 읽기, 찬양, 전도…… 이런 것들은 누구나 다 하는 것이었지요. 그런데 시간이 흐르면서 지금은 그런 것을 하면 이상한 사람이 되더군요. 흔히 광신도라고도 하지요.

하지만 저는 지금까지 이 나라가 망하지 않고 살아있는 것은 그 사람들이 나라를 위해 눈물을 흘리며 금식과 기도로 주님 앞에 나아갔기 때문이라고 생각합니다.

매일 나라를 위해 철야로 기도하는 선교단체가 있습니다. '에스더기도운동본부'는 과거 상당수가 40일 금식기도를 결단해 나라를 위해 기도했던 적이 있습니다. 저는 하나님께서 이러한 선교단체의 기도를 통해 하나님의 나라를 붙들고 계신다고 믿습니다.

하지만 이제는 대한민국 성도 모두가 일어나야 할 때입니다.

사람은 누구나 자신을 위해 살고 싶어 합니다. 하지만 하나님은 자신을 주께 내어드리는 자들을 통해 하나님 나라의 역사를 일으키십니다. 위기 때마다 금식과 기도로 밤낮을 바꿔가며 생활하는 헌신된 무리 때문에 하나님께서 이 민족을 불쌍히 여겨 주십니다.

하나님은 이러한 자들을 주목하십니다.

금식 기도가 왜 힘이 있는 것일까요? 금식 기도는 그 자체가 죽는 것이기 때문입니다. 죽으려고 하는 것이 금식입니다. 금식이 어렵게 느껴지는 이유는 내가 살려고 하기 때문입니다. 금식을 결심했음에도 자아가 살아 있다면, 그 자아는 계속해서 타협을 시도할 것입니다. 그래서 금식이 어려워지는 것입니다. 저는 19년간 금식을 하면서 밥을 먹지 않는 기쁨이 얼마나 큰지 경험했습니다. 어떨 때는 밥을 먹을 때보다 기쁠 때가 많지요. 하지만 결코 쉬운 일은 아닙니다. 그저 하나님의 나라와 교회를 위해 하는 것입니다. '나라도 굶고, 나라도 죽어야겠다'라는 생각에서 출발한 것입니다.

금식을 19년 동안 하다 보니 주변 사람들이 알아서 저를 보호해 줍니다. 심지어 믿지 않는 분들도 제가 금요일에는 금식한다는 사실을 아십니다.

하루 금식한다고 죽겠습니까? 지금까지도 저는 죽지 않고, 잘 먹고 잘살고 있습니다. 주님께 우리 마음의 결단을 보입시다. 지금이야말로 울며, 금식하며, 기도해야 할 때입니다. 그리할 때 교회가 살아날 것입니다.

나를 살리는 금식

오○○

20년 가까이 매주 금요일 금식을 해오신 담임목사님이 금식을 시작하신 동기는 매번 채워지지 않는 선교헌금 때문이었다는 것을 알게 됐다.

큰터교회를 다니기 시작한 지 약 2년 정도 되었을 때 나는 마음에 부담을 느꼈다.

'선교에 주력하는 교회를 다니는데 선교헌금은 많이 못 하더라도, 금식에는 동참해야 하지 않을까? 주님의 나라를 위해 매주 하루를 금식한다는 것이 얼마나 귀한 일인지, 뿐만 아니라 그것이 선교에 동참하는 기회가 된다면 주님께서 기특하게 여겨주실 거야.'

그렇게 선교를 위한 금식을 시작하게 됐다. 하지만 반드시 금요일마다 금식하기로 결심한 건 아니었다. 금식의 모양과 방법은 얼마든지 달라질 수 있다고 생각해 여지를 두었다. 그러던 중, 10가지 지침이 생기게 되면서 일주일에 하루는 꼭 금식하겠다고 주님께 약속했다.

매주 같은 날 금식을 한다는 것은 생각보다 쉬운 일이 아니었다. 특히 누군가와 만나야 하는데 금식 때문에 함께 식사할 수 없는 상황이 생기면 난감했다. 그래서 약속이나 일이 생기면 금식 요일을 바꿔 보기도 하고 12시간씩 2번에 나눠 금식하기도 했다.

한번은 어느 목사님께 식사를 대접해야 하는 일이 있었다. 금식하는 날이라 혼자 드셔야 한다는 것을 미리 말씀드리지 못한 나는 엉겁결에 함께 음식을 주문하게 되었다. 그리고 속으로 다른 날에 금식을 해야겠다고 생각했다.

그런데 하필이면 그날 저녁 모임 때, 금식을 잘하고 있는지 담임목사님께서 물어보셨다. 그래서 솔직하게 말씀드렸다. 대접해 드리는 분을 혼자 식사하시게 하는 건 예의가 아닌 것 같아 함께 식사했다고. 그때 목사님께서 질문하셨다.

'하나님께 한 약속이 중요한가, 사람에 대한 예의가 중요한가'

그때 나는 금식의 동기에 대해 생각해 보게 되었다. 과연 나는 이 금식을 하나님 앞에서 한 약속이라고 생각하고 있었는지 말이다. 목사님의 질문은 평소 내가 하나님과의 약속을 얼마나 소중하게 생각하고 있었는지 돌아보게 해주었다. 그 후 금요일 금식은 주님 앞에서 한 약속이기에 잘 지켜야겠다고 마음먹었다.

금요일마다 금식을 해온 것이 이제는 2년 6개월이 되어 간다. 다른 경건 생활은 시간이 갈수록 익숙해지는 것 같은데, 금식은 갈수록 더 어렵게 느껴진다. 2, 3일 하는 것도 아니고 하루만 하는 건데도 아직 잘 적응이 되지 않는다.

먹는 것을 좋아해서인지 매주 금요일이 가까워질 때마다 긴장되고 불안해지기까지 한다. 그리고 목요일에는 먹고 싶은 욕구가 자정 직전까지 계속되기도 한다. 하지만 그렇게 힘겹게 금요일을 맞이하는데도 신기하게 하루가 금방 지나간다.

금요일 금식을 하면서 좋은 것은 일주일에 한 번씩 나의 영·혼·육이 '안식', 혹은 '리셋'을 경험한다는 것이다. 평소 바쁘게 살아갈 때는 안식에 대한 필요성을 못 느꼈는데, 요즘은 갈수록 금식하는 날이 안식하는 날이 되어가고 있다. 음식을 먹지 않고, 음식에 대해 생각하지 않으니, 생각이 단순해지고 육체노동의 시간도 줄어든다. 그리고 몸에 음식이 들어오지 않으니, 자연스레 몸이 가벼워진다. 일주일간 절제하지 못해 좋지 않은 음식들로 몸을 채울 때가 많은데, 하루 금식과 그 후 1, 2끼의 보식을 통해 몸에 좋은 것을 섭취하게 된다.

무엇보다 가장 좋은 것은 영의 상태도 좋아진다는 것이다. 몸에 에너지가 없으니, 생각이 단순해지고 반드시 해야 하는 것에만 집중하게 된다. 그래서 말씀 읽는 것과 기도하는 것에 집중하게 된다.

선교에 동참하기 위해 매주 하루 금식을 시작했지만, 지금은 그 금식이 나를 살리고 있다. 경건을 위해 주님께 드리는 결단에는 반드시 보상이 따른다는 생각이 든다. 하루 금식은 자아를 죽이고 또 새롭게 부활하게 하는, 무척 귀하고 소중한 경험이 되고 있다.

하나님의 일하심을 맛보는 비결

김◯◯

[이사야 58:6]

내가 기뻐하는 금식은 흉악의 결박을 풀어주며 멍에의 줄을 끌러 주며 압제 당하는 자를 자유하게 하며 모든 멍에를 꺾는 것이 아니겠느냐

담임목사님은 매주 금요일마다 금식을 하신다. 수십 년째 이어진 금요일 금식의 목적은 무엇보다 성령님께 영혼을 섬기는 목회와 세계 선교를 온전히 감당하기 위한 능력을 구하기 위해서가 아닐까 생각한다. 그런 목사님의 모습을 보며 나도 따라 해보고 싶다는 마음이 들었다. 그저 '하루 굶으면 되겠지'라는 생각에 가볍게 금식을 시작했다. 가난한 자취생으로 오래 살았기 때문에 끼니 하루 거르는 것이 그리 어렵게 느껴지지도 않았다.

가벼운 마음으로 시작한 금식이었지만 '가족 구원'과 '안정적인 직장'이라는 중대한 기도 제목이 있었다. 가족 모두 예수님을 믿지 않았기에 항상 마음이 편치 않았다. 또한 타지에서 여러 직장을 전전하다 보니 가족들에게 좋은 모습을 보여주지 못한 것 같아 이제는 한 회사에 정착하고 싶었다. 그때는 직장도 가정도 없었기에 하루 종일 아무것도 먹지 않아도 생활에 큰 무리가 없었다.

변하지 않는 환경에 답답했던 나는 한 번 마음먹고 2주 금식을 했다. 지금 생각해 보면 어떻게 했을까 싶지만, 그때는 더 이상 내려갈 곳 없이 바닥을 기고 있었기에 하나님께서 버틸 힘을 주신 것 같다. 하루 종일 말씀과 기도에 전념하기보다 배가 고파 그저 누워 있던 날도 많았다. 하지만 하나님께서 불쌍히 여겨 주셨는지, 하나님의 은혜로 나는 금식을 끝내고 머지않아 결혼을 했으며, 안정적인 직장에 입사하게 되었다. 그렇게 처음으로 금식의 능력을 경험했다. 금식을 결단한 것은 나였지만 이겨내게 하신 분은 하나님이셨다.

결혼과 취업이라는 선물을 받고 생활이 편해지니 금식이 쉽지 않았다. 예전과 같은 간절함이 사라지고 여차하면 금식을 건

너뛰기도 했다. 그렇게 얼마의 시간이 지난 어느 날, 나는 가족 구원에 대한 기도 응답을 아직 받지 못했다는 걸 깨달았다.

그래서 다시 정신을 차리고 금요일 금식을 시작하기로 마음먹었다. 직장생활 하며 금식하는 것은 쉽지 않았다. 동료들의 눈치가 신경 쓰였다. 괜히 거룩하게 보이려고 외식하는 것처럼 보이기도 하고 직장에서 나의 신앙을 대놓고 드러내다 보니 평소 행실에 더 신경이 쓰였다.

그리고 조금 더 현실적인 문제가 있었다. 배가 고파서 업무에 온전히 집중하기가 힘들었다. 일과시간에 업무를 끝내지 못해, 자연스럽게 야근으로 이어졌다. 업무가 많은 편이라 안 그래도 야근이 잦은 편인데 금요일은 거의 매번 야근을 했던 것 같다.

개인적으로 가장 고통스러웠던 순간은 동료들이 맛있는 간식을 사 오거나 부서 회식을 한다고 했을 때이다. '이럴 땐 그래도 먹어줘야 하는 게 아닌가?'라며 스스로 온갖 핑계도 대봤지만, 그럴 때마다 마음이 편치 않았다.

그렇게 직장에서 꾸준히 금식을 지속하다 보니 이젠 동료들도 나를 이해하는 분위기가 형성되었고 간혹 응원의 메시지를 전하기도 한다. 또한 업무에 적응이 돼, 배가 고플 때도 평소 페이스를 유지할 수 있어 퇴근도 정시에 할 수 있게 되었다.

무엇보다 내가 금식을 통해 얻은 유익은 하나님의 일하심을 보게 되었다는 것이다. 우상 숭배하던 본가 가족들이 흉악의 결박에서 벗어나 집에 있던 우상을 깨부수고 교회에 첫발을 내딛게 된 것이다. 물론 이 일이 일어나기까지 아내의 기도와 교회 교역자분들의 섬김이 많았다.

하지만 나처럼 부족한 자를 금식 시키시고 하나님의 일을 이루어 가시는 것을 보며 나는 다시 한번 금식의 능력을 경험했다.

TV를 켜고 스마트폰을 열면 침샘과 눈을 자극하는 먹방 영상과 새로운 먹거리들이 수없이 쏟아져 나온다. 세상 모두가 먹고 마시는 일에 몰두하고 있는 이 시대에 누군가에게는 금식이 어리석어 보일지도 모르겠다. 또 하루 금식이 뭐가 그렇게 특별하냐고 반문하는 사람이 있을지도 모르겠다.

하지만 일주일 하루 금식은 7일 중 하루를 온전히 구별하여 하나님께 집중하고 거룩한 삶을 살고자 결단하는 일이다. 그 하루하루가 축적되면 하나님의 능력이 온전히 우리에게 임하게 될 것이다. 왜냐하면 금식은 하나님이 도우시지 않으면 한 끼도 할 수 없기 때문이다. 하루 금식이 힘들다면 한 끼도 괜찮다.

육신의 소욕을 누르고 하늘로부터 오는 은혜를 구할 때 비로소 우리는 우리 안의 흉악의 결박이 풀어지고, 기도하는 것마다 응답받게 되는 하나님의 역사를 경험할 것이다.

8
Chapter

전도

Chapter 8
전도

[디모데후서 4:2]

너는 말씀을 전파하라 때를 얻든지 못 얻든지 항상 힘쓰라 범사에 오래참음과 가르침으로 경책하며 경계하며 권하라

#예수안에참자유 #혼자만누리지말고 #분명한복음 #전도의생활화

여덟 번째는 전도입니다.

요즘은 전도하는 교회가 드뭅니다. 하지만 전도는 구원받은 사람이 해야 할 마땅한 일입니다. 영혼 구원만큼 중요한 것이 없습니다. 이단들도 목숨 걸고 하는 것이 전도입니다. 그런데 참된

예수 그리스도의 진리를 가진 우리가 어떻게 가만히 있겠습니까. 요즘 영혼 구원이 참 어렵다고 말합니다. 하지만 정작 전도를 하고 있는지 물어보면 전도를 하고 있지 않은 경우가 대부분입니다.

그래서 확인과 체크가 필요합니다. 우리가 모두 내 행복의 문제, 혹은 내 자녀와 내 가족 문제에 매여 정말 중요한 하나님 나라와 교회를 위해서는 어떤 것도 할 수 없는 상태라면 과연 하나님 나라를 위해서는 누가 나설 수 있을까요?

우리는 매일 한 명 이상 전도하는 것이 목표입니다. 그래서 아침에 운동하러 가면서, 주님과 동행하면서 전도지와 사영리를 들고 나갑니다. 우연히 길을 가다 만난 사람들을 다시 만날 확률은 높지 않습니다. 그래서 어렵지 않습니다.

언제든, 누구를 만나든 전해야 합니다. 전도가 일상사가 되어야 합니다. 전도지가 없다면 말로라도 전도해야 합니다. '다른 이로서는 구원을 받을 수가 없다', '예수를 믿어야 구원을 얻는다', '예수를 믿지 않으면 지옥에 간다'라고 전하면 됩니다. 반드시 분명한 복음이 증거되어야 합니다.

우리는 영혼 구원이 중요하다는 것을 알고 있습니다. 영생이 귀하다는 것을 알고 있기 때문입니다. 그것을 제대로 알고 있는 사람이라면 가만히 있을 수가 없습니다.

우리는 지금 우리가 누리고 있는 자유민주주의가 좋다는 것을 알고 있습니다. 그래서 공산주의 정권 아래서 고통당하는 북한 사람들을 안타깝게 여기지요. 자유를 맛보아 알기 때문입니다.

예수 안에 자유가 있습니다. 평강이 있고, 기쁨이 있습니다. 우리는 세상이 줄 수 없는 보화, 그 예수를 간직하고 있으며 그 결과를 경험하고 누리고 있지요. 그런데 그것을 경험하고 누리지 못하는 사람들을 보고도 가만히 있을 수 있을까요? 다들 지옥으로 쏠려가고 있는데 말입니다.

거절을 당해도, 모욕도 당해도 괜찮습니다. 주님이 당하신 것과는 비교할 수 없기 때문입니다. 그 예수님의 피 값으로 우리는 새 생명을 얻었고 구원을 받았습니다. 우리가 전도할 때 주님은 기뻐하십니다.

말씀대로 순종할 때 필요를 채우시는 하나님

김 □□

[마가복음 16:15]

또 이르시되 너희는 온 천하에 다니며 만민에게 복음을 전파하라

이 말씀은 2022년을 보내고 2023년 새해를 맞이하는 예배의 자리에서 주님이 내게 주신 말씀이다. 이 말씀을 받고 나는 2023년 한 해는 하나님께서 내게 특별히 전도를 통해 하실 일이 있을 것이라는 감동이 있었다.

사실 지금까지 내가 경험한 전도는 내 의지와 상관없이 교회 행사나 프로그램을 통해 수동적으로 전도한 것이 대부분이었다. 그래서 개인적으로 2023년 한 해 동안 전도에 힘써 봐야겠다고 다짐한 나는 그 결심을 어떻게 실천할지 고민했다. 매일 전도하는 것이 10가지 지침에 속해 있어 전도지를 나누며 실천하기도 했지만 매일 혼자 전도하는 것이 쉽지만은 않았다. 그때 마침 소수의 교회 지체들이 전도 모임을 하고 있다는 얘기를 듣게 되었다.

정기적인 전도 모임이 본격적으로 시작될 타이밍에 하나님은 모임에 참여하고 있던 한 지체를 통해 나를 전도 모임으로 부르셨다. 이미 말씀을 받았던 나는 성령의 음성으로 알고 망설임 없이 바로 순종하여 전도 모임에 나갔다.

처음에는 그저 전도하라는 성경 말씀을 실천하기 위해 참석한 전도 모임이었다. 하지만 매주 전도를 하면 할수록 한 영혼이라도 예수님을 믿고 우리 교회로 올 수 있다면 하나님께서 얼마나 기뻐하실 지 기대감이 차올랐다.

하루는 둘씩 한 팀이 되어 전도를 나가게 되었다. 함께 전도 나간 지체가 영혼들에게 다가가 예수님을 전하는데, 내 눈에 그 모습이 참으로 아름답게 보였다. 그때 난 깨달았다.
"아! 우리를 바라보시는 하나님의 마음이 바로 이런 것이겠구나!"
그 순간 하나님께서 전도하는 우리 모습을 아름답게 바라보시며 무척 기뻐하고 계시다는 감동이 밀려왔고, 내 마음 깊은 곳에서도 기쁨이 샘솟아 눈물이 하염없이 흘러내렸다.

함께한 지체에게 그 마음을 나누자, 그 지체 또한 감사와 기쁨의 눈물을 흘렸다. 이 일을 통해 전도한 영혼이 교회로 인도되어 열매가 생기는 것도 하나님이 기뻐하시는 일이지만, 열매가 없더라도 하나님은 전도자의 걸음 자체를 귀히 여기시고 기뻐하신다는 것을 알게 됐다.

계속되는 전도를 통해 또 한 가지 묵상한 것이 있다. 신앙이나 자신만을 위한 건 아니라는 것이다. 자신뿐 아니라, 주변 영혼을 위해서라도 내 믿음을 지키고 그 믿음을 말과 행동으로 나타내 보여야 한다는 것이다. 이 묵상이 나를 하나님께로 더 가까이 이끌었다.

전도는 일상에서도 계속되었다. 일과 학업을 병행하는 나는 낮에는 일을 하고 일이 끝난 저녁에는 학교로 가서 강의를 듣는다. 하루는 어떤 일로 한 교수님과 이야기를 나누게 되면서 친분이 생겼는데, 문득 그분께 복음을 전하고 싶다는 마음이 들었다.

교회 지체들에게 중보기도를 요청하고 개인적으로도 기도하며 주님의 인도하심을 구했지만 좀처럼 전도할 기회가 생기지 않았고 결국 마지막 수업까지 복음을 전하지 못했다. 타 학교 소속의 객원 교수님이셨기에 다시 만날 날을 기약할 수 없어, 아쉬움을 뒤로한 채 마지막 인사를 드렸다. 전도가 나의 뜻과 계획대로 되는 것이 아님을 깨닫고 실망하기도 했지만, 이 또한 하나님의 뜻이라고 생각했다.

그러던 어느 날, 그 교수님으로부터 뜻밖의 연락이 왔다. 연락이 올 거라고는 꿈에도 생각 못 했기에 신기하고 또 반가웠다. 어떻게 연락을 주셨느냐고 묻자, 소속 학교에서 개최하는 학회 홍보를 부탁하려고 연락하셨다고 했다. 나는 흔쾌히 교수님 부탁을 받아들였고, 열심히 동기들에게 해당 학회를 홍보했다. 그리고 학회 장소가 대중교통으로 2시간 멀리 떨어진 곳이었지만 이번에야말로 전도할 기회라 여겼기에 학회에도 꼭 참석하겠다고 말씀드렸다.

나는 학회 당일 새벽같이 일어나 설레고 부푼 마음을 안고 열차에 올랐다. 먼 거리가 부담스럽긴 했지만, 성령께서 이끄시고 동행하고 계신 것을 느낄 수 있었다.

학회 장소에 도착하자 교수님께서 반갑게 맞아 주셨다. 그리고 교수님 옆에는 우리 학과 지도교수님도 함께 계셨는데, 학회 참석을 위해 먼 거리도 마다하지 않고 참석한 나를 보고 꽤 놀라신 것 같았다. 나는 반갑게 인사를 나눈 후, 일단 열심히 학회를 둘러보았다. 시간이 흘러 학회 폐회식까지 마무리됐지만 주최 학교의 대표 역할을 맡으셨던 교수님은 많은 사람을 상대하느라 대화할 여유가 없어 보였다. 나는 교수님께 잠깐 시간을 내 달라고 부탁해 이야기를 나눠볼까도 생각했지만, 성령께 모든 것을 맡기며 친히 인도해 주시기를 기도했다. 그래서 자연스럽게 상황이 만들어지기를 기다렸다.

하지만 내 기대와는 달리 이날도 결국 복음은 전하지 못한 채 두 분 교수님께 인사만 드리고 학회 장소를 빠져나왔다. 긴장이 풀린 몸을 이끌고 집으로 돌아가면서 나는 하나님께 여쭈었다.

"하나님, 제가 여기에 왜 온 걸까요? 주님의 인도하심이 아니었던 걸까요?"

나는 주님께서 내게 전도할 기회를 주셨다고 생각했는데 아무 일도 일어나지 않은 것이 실망스럽고 허무하기까지 했다. 그런데 그런 생각도 잠시, 마음속에 왠지 모를 기대감과 기쁨이 계속해서 머물러 있었다. 그리고 모든 상황을 인도해 주신 주님께 감사하기로 결심했다.

그렇게 시간이 흘러 방학을 맞이했다. 시간적 여유가 생겨 방학 동안에 할 수 있는 일을 찾아 필요한 돈을 모아야겠다고 생각한 나는 먼저 주님께 기도로 구했다. 방학 동안 상황을 열어주셔서 현재 수입에서 추가로 더 벌게 해주시기를 구했다. 기도하면서 하나님은 구체적인 금액을 놓고 기도하게 하셨다. 그러던 중 뜻하지 않게 전화 한 통이 걸려 왔다. 지도 교수님이었다.

교수님은 학교에서 교육사업을 기획하게 됐는데 그 일에 함께하지 않겠느냐고 물어오셨다. 나중에 알게 된 사실은 지난번 학회에 참석한 내게 감동하신 까닭에 한번 함께 일해보고 싶은 마음이 드셨다고 한다. 나는 이것이 하나님의 철저한 간섭하심이라는 것을 알 수 있었다.

감사하게도 방학 동안 그 교육사업에 참여하면서 나는 전공과 진로에 있어 의미 있는 경험과 경력을 쌓을 수 있었다. 무엇보다 추가 수입을 놓고 기도한 것에 하나님은 정확한 액수로 응답해 주셨다.

'복음을 전파하라'란 말씀에 순종했을 때, 하나님은 내게 놀라운 축복으로 응답하셨다. 전도를 통해 먼저는 내 영혼이 살아났고 믿음의 성장을 통해 하나님께 더 가까이 나아갈 수 있었다. 그리고 나의 필요를 채워주시는 크신 하나님의 은혜를 경험했다. 내가 생각했던 결과가 아닐지라도 하나님은 내 생각 이상으로 놀랍게 역사하셨다.

[마태복음 6:33]
그런즉 너희는 먼저 그의 나라와 그의 의를 구하라 그리하면 이 모든 것을 너희에게 더하시리라

앞으로도 말씀대로 순종해 나갈 때 모든 것, 곧 나의 필요를 채우시는 주님을 더욱 풍성히 경험하게 되기를 원한다. 그리고 영혼을 향한 아버지의 마음을 품고 계속해서 주님 기뻐하시는 일에 함께하기를 소망한다.

먼저 그의 나라와 그의 의를 구하라

서◯◯

부산대 캠퍼스에서 시작된 나의 전도 여정은 이제 만 3년 7개월이 지나고 있다. 지금은 거처를 옮겨와 매주 서울에서 전도 모임을 하고 있다. '10가지 지침'을 다 지키는 것이 쉽지는 않지만, 그중 전도는 특별히 하나님께서 내게 미리 훈련의 시간을 주셨기에, 감사한 마음으로 그때 경험한 하나님의 은혜를 나누고 싶다.

나는 대학생 때 한 선교단체에서 훈련받으며 평생 순장의 삶을 살아가겠노라고 서원했다. 하지만 졸업 후 취업하고 나서는 그때의 서원을 까맣게 잊고 살았다.

세상에 무척 잘 적응한 나는 예수님을 믿지 않는 사람들과 구분 짓는 것이 우스울 정도로 세상 사람들보다 더 세상적인 사람이 되었다. 회사에서 식사 기도하는 내 모습을 보고 놀라 자빠지는 직장동료의 반응에 충격을 받기 전까지는 나 역시 매일 성령충만을 위해 발버둥 치는 그리스도인이라고 착각하고 있었기 때문이다. 한 직장 선배로부터 "OO씨, OO씨는 교회 열심히 다니는 거 아니잖아. 나일론 신자잖아"라는 말을 들었을 때 뭔가 크게 잘못되었다는 사실을 깨달았다. '그리스도인은 왕따를 당하든지, 아니면 세상을 이끌던지, 둘 중 하나'라고 누군가 했던 말이 떠오르면서 내가 똑바로 살지 못하고 있다는 생각이 들었다.

하지만 깨달았다고 다 깨달은 대로 사는 것이 아니듯 난 여전히 크게 다르지 않은 모습으로 살았다. 그렇게 30대의 한 꼭지를 흘려보내던 중 나는 큰터교회를 만났다. 1개월 1독과 큐티, 그리고 성경공부까지, 성령충만한 그리스도인의 모습을 어설프게 흉내 내고 있던 그때, 성경공부 기간 중 담임목사님으로부터 매주 두 사람에게 사영리로 전도하라는 숙제가 떨어졌다. 주변 아는 사람들에게 매주 복음을 전했는데 시간이 흐르면서 점차 전도할 사람이 더는 보이지 않았다. 그러자 내 안에 숨어있던 야성이 살아나면서 마음에 크게 울리는 소리가 있었다.

'평생 순장으로 부름을 받았는데, 내가 지금 여기서 무얼 하

고 있지? 관계 전도가 안 되면 거리로 나가 사영리로 전도하면 되잖아!'

그렇게 나는 2020년 12월, 코로나가 2단계에서 3단계로 올라가던 시기에 마음 맞는 청년 2명과 부산대 캠퍼스로 전도를 나갔다. 사람들마다 민감함이 극에 달한 시기였고 교회가 문을 닫고 정부 지침에 따라 온라인 예배로 전환하는 시기였다. 교회도 정부도 우왕자왕할 때였지만 주의 말씀은 여전히 변하지 않았기에, 나는 말씀을 따르기 위해 전도를 시작했다.

그때 사회 분위기는 교회 다니는 사람들에게 유난히 적대적이었으며, 교회의 '교'자라도 꺼낼라치면 사람들이 그리스도인들을 향해 분노를 숨기지 않던 때였다.

그때는 그래도 되는 시기였다.
우리는 뺨 맞을 각오로 거리로 나섰다.

부산의 겨울은 포근한 날씨여도 1시간 이상 바깥에 있으면 몸에 한기가 들어 무척 추웠다. 그래서 몸이 떨린 것도 있지만,

사람들의 냉대를 상상하니 마음도 덜덜 떨려왔다. 우리는 다 기어들어 가는 목소리로 말했다.

"안녕하세요? 교회에서 나왔는데요. 소개하고 싶은 책자가 있어요. 사영리라는 책인데 10분 정도 시간 있으시면 읽어 드리고 싶은데 혹시 시간 괜찮으신가요?"

사실 말은 그렇게 했지만, 속으로는 다른 말을 하고 있었다.

'우리도 이렇게 읽어주는 거, 엄청나게 신나서 하는 거 아니에요. 그러니까 그렇게 냉대하지 말고 듣기 싫으면 그냥 가요. 제발요……'

그렇게 2주간 거절과 낙담이 반복되는 시간을 보냈다. 그래도 우리는 포기하지 않고 계속해서 전도를 나갔다. 물론 포기하고 싶을 때도 있었다. 특히 비가 오거나 3명 중 한 명이 빠지게 되는 날이면, 내심 누구든 핑계 대며 먼저 못 나온다고 말해주길 기다렸다.

하지만 누구도 그런 말을 먼저 하지 않았다. 그들 중 한참 나이가 많았던 나는 언니라서 그러지 못했고, 한 친구는 내가 그런 말을 하지 않으니 언니인 내가 혼자 나갈까 봐 순종하는 마음으로 나온 것이다. 그때 난 예수님이 왜 열두 제자와 함께 사역하셨는지, 하나님은 왜 성부, 성자, 성령과 함께 이 세상 구원 사역을 이뤄가셨는지 알 것만 같았다.

전도를 통해 주님은 동역자가 중요하다는 것을 내게 깨닫게 해주셨다.

우리는 세 명, 때로는 두 명이 팀이 되어 부산대 캠퍼스와 주변 온천천에 나가 계속해서 전도를 이어갔다.

전도에 대해 연약했던 내 믿음이 점차 확신으로 변해갈 즈음, 하루는 내 안에 예수님이 우리를 빈손으로 돌려보내시지 않을 거라는 믿음이 생겼다. 그날 하나님은 한 중학생 아이를 기적적으로 만나게 하셨는데, 우리는 그 아이를 통해 중학교 졸업을 앞둔 중3 친구들에게 사영리를 전할 수 있었다. 그리고 놀랍게도 그날 친구들이 예수님을 영접했다. 꿈 같은 일이 일어난 것이다. 우리는 무척 기뻤고 친구들을 교회로 초대할 생각에 기대가 넘쳤다.

하지만 당시는 코로나19로 모임의 제재가 심하던 시기였기에, 함부로 사람을 교회에 초대할 수가 없었다. 목사님과 상의 끝에 결국 중3 친구들을 교회에 초대하지 못한다는 결론이 났다.

그 후 우리는 예수님을 영접한 중3 친구들을 향해 관계 전도를 이어가기로 마음먹고 아이들과 식사 약속을 잡아 함께 놀아주었다.

그러나 그 일에 한 가지 어려움이 있었는데 바로 아이들과 만날 때마다 재정 지출이 많았다는 것이다. 그때 나는 프리랜서 디자이너로 주 수입원은 디자인 수주였다. 전도할 때마다 전도지, 사탕, 선물, 밥값, 교제비 등이 필요했기에 그나마 조금 있던 재정마저 바닥을 치고 있었다. 직장인에서 프리랜서로 전업한지 얼마 되지 않았던 나는 카드값이 눈앞에 아른거려 불안한 마음을 감출 수가 없었다.

어느 날 이었다. 나는 불안한 마음에 벌떡 일어나 주님께 외쳤다.
"하나님 저 돈 벌러 가야 할 것 같아요. 이렇게는 너무 불안해서 못 살겠어요."
그러자 하나님은 "네가 회사를 그만둔 것은 결코 우연이 아니다. 내가 너를 회사에서 나오게 했다"라고 말씀하셨다.

[마태복음 6:31~33]

그러므로 염려하여 이르기를 무엇을 먹을까 무엇을 마실까 무엇을 입을까 하지 말라 이는 다 이방인들이 구하는 것이라 너희 하늘 아버지께서 이 모든 것이 너희에게 있어야 할 줄을 아시느니라 그런즉 너희는 먼저 그의 나라와 그의 의를 구하라 그리하면 이 모든 것을 너희에게 더하시리라

하나님은 이 말씀을 내게 주시며 나의 기도를 바꾸셨다. 나는 내 생각을 내려놓고 주의 나라와 주의 의를 위해 기도하기로 작정했다. 그리고 물질적으로 부어달라고 기도하는 것을 중지했다. 염려함으로 먹을 것과 마실 것과 입을 것을 구하는 것은 이방인이 하는 기도라는 마음이 강하게 들었기 때문이다. 하지만 무엇보다, 전도하면서 만난 영혼들이 안타까워 그들을 위해서는 기도가 나오는데, 나의 필요를 위해서는 기도가 나오지 않았기 때문이다.

그 후 하나님은 내게 돕는 손길을 보내주셨다. 때로는 후원금으로, 때로는 한겨울에 유용한 패딩과 일할 때 입을 정장으로, 때로는 뜻밖의 정부 지원금으로, 또 때로는 조금씩 늘어나는 디자인 수주로, 때마다 하나님은 다양한 방법으로 필요한 것을 채

워주셨다.

내 삶에 전도의 열매가 나타나니, 하루는 누군가 다가와 내게 말을 건넸다.

"자매는 전도를 정말 좋아하는 것 같아요."

하지만 사실 난 전도가 좋아서라기보다는 말씀에 전도하라고 나와 있기 때문에 전도를 시작했다. 하나님의 지상명령 성취에 지적으로, 감정적으로 동의했음에도 그렇게 살지 못하고 있는 것이 부끄러워 계속 전도를 이어가고 있는 것이다. 그러다 보니 어느새 전도하는 일에 늘 앞장서는 사람이 되었다.

또 한 번은 내게 전도하는 방법을 가르쳐 달라고 누군가 요청해 왔다. 그때 나는 말했다. 애초에 '전도를 잘한다'라는 개념은 없는 것 같다고. 결국 전도는 하느냐, 안 하느냐 둘 중 하나이며, 전도하러 나가면 열매가 있지만 나가지 않으면 열매는 없다고 말이다.

전도하면서 얻은 유익을 말하라고 한다면 셀 수 없이 많다. 하지만 어떠한 보상을 받기 위해 전도를 한 것은 아니다. 다만 먼저 그의 나라와 그의 의를 구했을 때 부어주시는 하나님의 은혜가 있었다. 이 기적과 같은 구원을 내게 베풀어주신 주님의 은혜에 감사하며, 부족하지만 말씀에 순종해 전도의 걸음을 뗄 수 있게 해주신 주님께서 이후로도 내 삶을 순종과 축복의 길로 인도해 주실 것을 믿는다.

9
Chapter

감사

Chapter **9**

감사

[데살로니가전서 5:18]

범사에 감사하라 이것이 그리스도 예수 안에서 너희를 향하신 하나님의 뜻이니라

#그래서감사 #그리아니하실지라도감사 #감사는일상의예배 #범사에형통

　사람들이 모이는 곳에는 많은 이야기가 오고 갑니다. 영양가 있는 이야기도 있지만 결국에는 남 얘기, 또는 쓸데없는 얘기로 흘러갈 때가 많지요. 큰터교회는 일단 모이기만 하면 감사 나눔을 합니다. 정기적인 모임을 할 때도 감사, 선교를 가서도 감사, 이

동하는 차 안에서도 감사, 어디서든 늘 감사를 나눕니다.

처음 감사 나눔을 시작할 때는 사람들이 많이 당황해 했습니다. 하고 싶은 얘기는 몇 시간을 해도 더 할 수 있는데, 감사한 것을 나누라고 하니 도통 생각이 나지 않는 겁니다. 하지만 훈련이 된 후로는 점차 감사 나눔이 풍성해지는 것을 경험합니다. 저는 벌써 십년이 넘었지요.

주님은 우리에게 범사에 감사하라고 말씀하십니다. 그것이 우리를 향한 하나님의 뜻이라고 하셨습니다. 그러면 하나님의 뜻을 이루어야지요. 감사 나눔을 한다고 하면 도망가는 사람도 있습니다. 쉬운 일이 아니거든요. 왜냐하면 하나님 앞에 서야 진실된 감사가 나오기 때문입니다.

오래 함께하다 보니 이제는 자신도 모르게 감사가 몸에 밴 사람이 있습니다. 원망, 불평하지 말자고 다짐할 필요도 없습니다. 감사를 나누다 보면 자연스럽게 원망, 불평은 사라지게 되어 있습니다. 그리고 발견하게 됩니다. 자신의 삶에 이토록 감사할 것이 많다는 것을. 우리의 입술이 감사로 가득하게 되는 것이지요.

우리는 하나님이 살아계신 것을 믿습니다. 그렇다면 결국 그분이 선을 이루실 것 또한 믿습니다. 그 믿음이 곧 감사입니다. 살아계신 하나님께서 실수하거나 실패하실 일이 있을까요? 세상에 우연히 일어나는 일은 없습니다. 그 사실을 믿는다면 우리는 그 믿음을 감사로 고백하면 됩니다.

때로는 그런 우리를 향해 비정상적이라고 평가하는 사람들도 있습니다. 하지만 상관없습니다. 오히려 인간관계가 좋아지는 것을 경험하게 되실 겁니다. 감사하는 사람은 벌써 인상부터 다릅니다. 우리 입에서 감사가 나오는 순간, 주변을 둘러싼 불평과 불만의 모든 악한 영들이 쫓겨납니다. 그 자리에 하나님으로부터 온 소망이 자리 잡습니다. 감사를 나누면 형통함을 경험합니다.

[잠언 11:11]

성읍은 정직한 자의 축복으로 인하여 진흥하고 악한 자의 입으로 말미암아 무너지느니라

'축복으로 인하여 진흥하고'라는 말은 다른 말로 표현하면 '감사함으로 진흥한다'입니다. 반대로 악한 자는 원망, 불평으로

망합니다. 하나님이 만드신 이 땅의 원리가 그렇습니다. 감사는 나를 살리고, 더 나아가 나라를 살리는 길입니다. 감사하지 않을 이유가 무엇입니까?

과거 이스라엘 민족이 망한 이유가 무엇일까요? 원망과 불평 때문이었습니다. 하나님은 이를 고치고자 40년을 기다리셨지만 결국 출애굽 1세대는 대부분 광야에서 죽고 말았습니다. 그만큼 힘든 일이겠지요. 하지만 우리는 예수 그리스도를 의지해 감사할 수 있습니다.

[마가복음 9:23]
예수께서 이르시되 할 수 있거든이 무슨 말이냐 믿는 자에게는 능히 하지 못할 일이 없느니라 하시니

감사는 일상에서 드리는 예배입니다. 원망과 불평을 제하고 무슨 일이 있어도 감사하십시오. 일단 무조건 감사하고 보는 겁니다. 감사에 능력이 있다는 사실을 믿으십시오.

감사는 감추어진 보배

서○○

처음 큰터교회에서 감사 나눔을 접했을 때 나는 부담스럽고 어색해서 감사 나눔 자리를 요리조리 피해 다닐 때가 많았다. 피할 수 없을 때는 내면의 깊은 나눔보다는 겉핥기식의 가벼운 나눔만 하기 일쑤였다. 한두 번 나누고 나면 소재가 떨어지는데, 계속해서 돌아가면서 감사를 나누라고 하니 억지로 감사를 쥐어짜는 것 같아 감사 나눔 자리가 편치만은 않았다.

하지만 돌이켜보면 그때의 감사 연습이 내게 얼마나 귀중한 훈련이 됐는지 모른다.

감사하지 않는 삶은 하나님의 말씀을 정면으로 불복종하는 일이었다. 하지만 예전에는 그 심각성을 깨닫지 못했다. 힘들고 속상할 때도 감사해야 했고, 기도 응답을 받지 못할 때도 감사해야 했으며, 앞길이 막막할 때도 감사해야 했다. 과연 내가 그러한 감사를 할 수 있을까, 의문이 들었다. 그러면서 나는 항상 감사를 나누는 담임목사님을 유심히 지켜보았다.

큰터교회는 교회 재정에서 매월 남김없이 선교 현장에 헌금을 보낸다. 매월 채워주실 하나님을 믿는 믿음으로 기도하지만, 턱없이 부족할 때가 많다.
'그럴 때는 하나님 앞에 어떤 감사를 드릴 수 있을까?'
나는 궁금했다. 그런데 담임목사님의 감사는 늘 간단했다.
"주시지 않음에도 감사!"
거짓되거나 가식적인 고백이 아니었다. 진심에서 우러나오는 목사님의 감사 고백을 들으며 다니엘의 세 친구가 떠올랐다. '그렇게 아니하실지라도'의 신앙이야말로 참된 신앙이지 않을까 싶었다.

최근 나는 개인적으로 어려운 시기를 보내면서 배운 대로 매 순간 감사를 고백하려 애썼다. 수입이 끊긴 것에도 감사했고, 빚 독촉으로 어려운 상황을 맞았을 때도 감사했으며, 도무지 문제 해결의 기미가 보이지 않을 때에도 감사했다. 물론 내 입이 감사하지 않으려고 묵직하게 버티고 있을 때도 많았다. 어떨 때는 버티는 것을 넘어 볼멘소리로 불평하기도 했다. 하지만 그때마다 내가 할 수 있는 것은 그저 감사밖에 없음을 하나님은 깨닫게 해주셨다. 그러면 즉각 감사할 것을 찾아 순종의 감사를 드렸다.

한번은 교회 지체들과 외부 예배 자리에 참석하러 가는 중이었다. 예배 중에 만날 하나님을 기대하며 길을 가고 있었다. 그때 내가 세 들어 사는 주인댁에서 문자가 왔다. 당시 나는 주인댁과 여러 가지로 껄끄러운 상황에 있었다. 직전에 시설 문제가 생겨 3세대가 사는 건물에서 혼자 수리비 전체를 물어내야 하는 다소 억울한 일이 있었다. 동시에 어려운 형편에 월세를 내지 못하고 있었던 나는 미안한 마음에 분한 감정이 뒤섞여 주인댁의 연락이 결코 편하게 느껴지지 않았다.

더군다나 문자의 내용은 수도세가 과하게 나왔는데 혹 물을 많이 쓴 일이 있느냐는 질문이었다. 수도세가 많이 나오면 으레 할 수 있는 질문이지만 평소 그분의 성정을 생각하니, 이번에도 내게 어떤 책임을 물을 것 같다는 부정적인 생각이 나를 사로잡았다. 안 그래도 계약기간 중에 집을 빼야한다고 말하려던 찰나였기에 마음이 편치 않았다.

부정적인 생각은 한 번 떠오르면 절대 그냥 물러가지 않았다. 잊고 있던 무수한 문제 거리가 갑자기 우수수 머릿속에 떠올랐다. 예배를 기대하던 내 마음에 불평이 엄습했다. 나는 마음을 지키기 위해 기도를 시작했다.

그럼에도 반전은 쉽게 일어나지 않았다. 습관처럼 속으로 감사 고백도 했지만, 여전히 마음은 다잡아지지 않았다. 지체들과의 감사 나눔이 절실했다. 사람들 앞에서 입술로 크게 감사 고백을 해야 이 무거운 감정을 이겨낼 수 있을 것만 같았다.

나는 주인댁에 시간이 늦어 다음날 연락드리겠다고 문자를 드린 뒤, 예배에 참석했다. 하지만 예배가 끝나고 그곳을 나올 때까지도 마음속 부정적인 감정은 여전히 내면 저변에 깔려 있었다. 바람과는 달리 감사 나눔의 기회도 없었다. 각자 흩어져 집으로 돌아가게 되면서 나는 마음의 문제를 빨리 해결해야겠다는 생각이 들었다. 그래서 버스 환승 전 걸어가면서 선포하듯 소리 내어 주님께 감사를 표했다.

"하나님, 월세 문제가 아닌 수도세 문제로 연락 온 것에 감사합니다."

"하나님, 이러한 일을 통해, 내게 없는 감사의 기술을 배우게 하시니 감사합니다!"

"하나님, 부담스러운 일을 돌파하게 하시려고 시설 문제가 터지게 하시고, 이 모든 과정을 통해 내게 가장 선한 길로 인도해 주실 주님을 믿고 감사합니다!"

……

집에 도착한 나는 바로 무릎을 꿇었다. 그러자 내 마음에 순간 평안이 몰려왔다. 그리고 수도세가 많이 나온 이유가 무엇인지 알 것 같았다. 당시 시설 수리를 하면서 변기 물을 계속 내보냈던 탓에 수도세가 많이 나왔던 것이다. 수리비를 낸 것도 속상한데 추가 수도세까지 내야 하는 상황이었다. 사실 수도세는 얼마 되지 않았다. 다만 그간 주인댁의 냉정한 성정과 부당한 처사에 감정이 좋지 않았던 것이다.

하지만 감사와 기도 후의 내 마음은 한없이 낮고 넓어져 주인댁의 어떠한 요구도 수용할 수 있을 것만 같았다. 그래서 추가된 수도세를 지불하겠다고 내가 먼저 말하리라 다짐했다.

평안한 마음으로 잠을 청한 다음날 나는 기도하며 주인댁에 전화를 걸었다. 수도세가 평소보다 많이 나온 이유에 대해 내 생각을 말했고, 수리 때 생긴 일이니 내가 감당하겠다고 말했다. 그러자 주인은 당시 수리한다고 고생했으니 추가 수도세는 본인이 내겠다고 대답하는 것이 아닌가. 무엇보다 처음 들어본 주인댁의 부드러운 말투에 그간 속상했던 마음이 눈 녹듯이 사라졌다.

나는 통화한 김에 밀린 월세를 이해해 주신 것에 대한 감사와 집을 내놓아야 하는 상황에 대해 말을 꺼냈다. 주인댁은 흔쾌히 내 상황을 이해해 주었고, 이후 처리 과정에 대해서도 함께 논의하고 통화를 끝냈다.

살면서 흔히 일어날 수 있는 사소한 일이지만 나는 이 일을 통해 입술의 감사가 우리 삶에 어떤 일을 만들어내는지 관찰할 수 있었다.

입술의 감사는 영적인 판도를 반전시키는 도구가 된다. 어려운 감사일수록 반전은 더 극적이다. 내가 원하는 대로 문제가 해결되는 것은 아니지만, 감사 이후 형통의 복이 따르는 것을 여러 번 경험하면서 하나님이 우리에게 하라고 하신 것은 과연 좋은 것임을 다시 한번 깨달았다.

모든 일에 감사하는 것이 우리를 향한 하나님의 뜻이라면, 이 감사 속에 더 많은 복이 숨어있을 줄 믿는다. 감사는 감추어진 보배이기에 나는 그 귀한 보배를 더 많이 캐낼 수 있기를 소망한다.

일상에서 감사를 배우다

오○○

큰터교회는 다른 교회에서 경험할 수 없는 강렬하고 새로운 문화를 가지고 있다. 바로 감사 나눔이다. 보통 모임을 시작할 때 감사 나눔을 하는데 어색한 분위기일 때도, 서로 잘 모르는 사람들과 함께 있을 때도, 심지어 모임이 아니라 어떤 장소로 이동하는 중에도 감사 나눔은 계속된다.

처음 교회에 온 지 얼마 되지 않았을 때 이러한 감사 나눔은 내게 어색함과 충격 그 자체였다. 한번은 담임목사님이 앉아 계신 테이블에서 한창 감사 나눔이 이루어지고 있었고, 나는 다른 테이블에 앉아 있었다. 그때 누군가 목사님 테이블로 나를 부르는 바람에 나도 감사 나눔에 합류하게 됐다. 테이블에 있던 사람들은 감사 나눔이 익숙한지 저마다 힘들이지 않고 차분하게 감사를 나누고 있었다. 내 차례가 되자 나는 낯선 사람들 앞에서

간신히 감사 한 가지를 나누었다. 하지만 감사 나눔은 거기서 끝나지 않았다. 한 바퀴를 더 돌았고, 또 한 바퀴를 더 돌았다. 나는 머리를 굴려 가며 무엇을 나눌지 겨우 생각해 냈지만, 나중에는 더 이상 나눌 것이 없어 머리가 하얘졌다. 그래서 더는 생각나는 것이 없다고 말했더니, 누군가가 내게 조언을 해주었다. 더 이상 나눌 것이 없을 때는 일단 '제가 감사하는 것은……'이라고 입을 떼보라는 것이다. 그래서 조언대로 '제가 감사하는 것은……'이라고 따라 해 보았는데, 신기하게도 금세 감사할 것이 생각났다.

그렇게 시작된 감사 나눔은 이제는 더없이 내게 기쁜 시간이 되었다. 간혹 이 감사 나눔을 더 일찍 알았더라면 좋았겠다고 생각하기도 한다.

수년 전 다니던 교회에서 교회 프로그램에 따라 매주 토요일 저녁, 삶을 나누는 모임의 인도를 맡은 적이 있다. 그때마다 직면한 어려움이 있었는데 바로 나눔이 너무 길어지면 인도자로서 적절히 끊어줘야 하는 것이었다. 또한 나눔 내용에 있어서도, 유익하지 않은 잡담을 나눌 때가 많은데, 그럴 때는 나눔을 통해 생기를 얻어야 할 시간이 오히려 기쁨을 소멸하고 서로를 지치게

한다는 걸 발견했다. 말하기를 좋아하는 사람은 한번 말을 시작하면 쉽게 끝나지 않는데, 끝까지 그 사람의 말을 들어주는 것은 무척 고역이었다. 그때마다 나는 스스로 모임을 인도하는 자질이 부족하다고 여겨 자책하기도 했다. 당시 우리가 큰터교회의 '감사 나눔'을 알았더라면 그 모임이 더 풍성해졌을 거라는 생각이 든다.

큰터교회의 감사 나눔은 나름대로 형식이 있다. 각자 1분을 넘지 않게 순서대로 돌아가면서 나눈다. 차례를 따라 나누기 때문에 모든 사람이 자신의 이야기를 할 수 있고, 말하기 좋아하는 사람이 혼자 긴 나눔 시간을 차지하는 폐해도 막을 수 있다.

또 하나의 규칙은, 감사 나눔 중에는 전화벨이 울려도 안 되고, 전화를 받아서도 안 되며, 자리를 마음대로 이동해서도 안 된다. 물론 미리 양해를 구하거나 타당한 이유가 있을 때는 가능하지만, 그렇지 않을 때는 페널티로 벌금을 내야 한다. 감사 나눔은 예배와 같아서 그 자리에 주님이 함께하시기 때문이다. 다른 사람의 나눔을 통해 세미하게 말씀하시는 주님의 음성(왕상 19:12)을 들어야 하는데, 그때 울리는 전화벨이나 전화 통화는 분위기를 깨는 동시에 주님의 일하심을 방해한다. 그래서 감사 나눔을 시작할 때면, 저마다 전화벨을 무음으로 해 놓기 바쁘다.

2년 전, 사랑하는 아버지가 하늘나라로 가셨다. 직장암 4기를 진단받으셔서 약 4년간은 집에서 아버지를 모셨고, 돌아가시기 한 달은 전부터는 병원에 입원하셔서 병원 신세를 지셨다. 입원 당시 아버지의 간병을 자처한 나는 한 달은 병원에서, 2주는 집에서 상주하며 아버지를 모셨다.

어릴 적부터 아버지의 돌봄을 받지 못하고 자랐다고 생각해 온 나는 아버지를 돌보는 데 전적인 시간과 마음을 쏟아야 한다는 것에 불만이 있었다. 병원에 계시는 2주간, 거동을 못 하시는 아버지를 보며 나는 그것이 아버지를 섬겨드리는 마지막 시간일 거라고는 생각지 못했다. 그래서 퇴원하시는 날만 기다리며 불평하던 어느 날, 아버지의 풀 죽은 모습을 보게 되었다. 70대 후반의 연세에도 왕성하게 활동하셨던 아버지였다. 그런 아버지가 한순간에 거동도 못 하고 누워있게 되신 것이다. 그 상황이 아버지에게 얼마나 고통스러우실지 생각해 보니 마음이 아팠다. 나는 그때부터 아버지의 마음을 공감해 드리고, 위로해 드릴 수 있었다.

아버지의 암은 호전되지 않았고 병원에서는 더 이상 손을 쓸 수 없는 단계에 이르렀다. 절박한 마음으로 아버지에게 복음을 전했고 아버지는 그 어느때보다 진지하게 믿음으로 반응하셨다. 감사할 수 없는 상황이었지만 감사하기로 마음을 먹으니 모든 순간이 감사한 순간으로 변했다. 마지막 임종 순간까지 아버지를 곁에서 사랑으로 모실 수 있었던 것은 감사를 고백한 내게 하나님께서 사랑할 힘을 주셨기에 가능한 일이었다. 또한 아버지가 천국에 가셨다고 확신이 드니 아버지의 장례식이 나에게는 천국 환송 잔치와 같이 느껴졌다. 아버지와 마지막으로 함께했던 소중한 순간에 감사하며, 가장 아름다운 사랑을 할 수 있도록 주님께서 인도해주신 것이 내게는 정말 큰 위로가 되었다.

더 이상 감사를 나눌 것이 없다고 생각할 때도 내 의지를 내려놓는 순간 생각지 못했던 감사가 내 입에서 흘러나오는 경우가 있다. 그럴 때는 내 입의 고백에 스스로 놀라기도 한다. 시편 50장 23절은 "감사로 제사를 드리는 자가 나를 영화롭게 하나니 그의 행위를 옳게 하는 자에게 내가 하나님의 구원을 보이리라"라고 말한다. 그래서 나는 감사 나눔을 할 때 이 감사가 예배처럼 주님을 영화롭게 하는 시간이 되기를 위해 기도한다.

천국에 보물을 담은 창고들이 있다면 그 중에 감사 창고도 있지 않을까 상상해 본다. 우리가 감사를 고백하고 나눌 때마다 천국의 감사 창고가 주님을 영화롭게 해드리는 일상의 감사로 가득 채워질 것을 소망해 본다.

10
Chapter

개인 기도

Chapter 10
개인 기도

[열왕기상 8:35-36]

만일 그들이 주께 범죄함으로 말미암아 하늘이 닫히고 비가 없어서 주께 벌을 받을 때에 이 곳을 향하여 기도하며 주의 이름을 찬양하고 그들의 죄에서 떠나거든 주는 하늘에서 들으사 주의 종들과 주의 백성 이스라엘의 죄를 사하시고 그들이 마땅히 행할 선한 길을 가르쳐 주시오며 주의 백성에게 기업으로 주신 주의 땅에 비를 내리시옵소서

#911기도 #기도의양을채우라 #기도하는자를통해 #일하시는하나님

일명 911 기도, 매일 밤 9시부터 11시까지, 2시간 동안 개인적으로 기도하는 것입니다. 꼭 이 시간에 하지 않아도 됩니다. 1시

간씩 나눠서 해도 되고 30분씩 나눠서 해도 됩니다. 중요한 것은 기도의 양입니다.

기도는 양이 필요합니다. 기도의 진가는 기도의 양이 채워졌을 때 비로소 경험할 수 있습니다. 많은 사람이 기도의 유익을 경험하지 못하는 이유가 바로 여기에 있습니다. 번갯불에 콩 구워 먹듯, 하고 싶은 말만 속사포로 쏟아놓고 금세 자리를 뜨는 분들이 많습니다. 하나님 앞에 충분한 시간을 두고서, 자신의 기도를 인도해 가시는 하나님을 만나야 합니다.

기도를 통해 처음에는 자신이 변합니다. 그리고 그것이 쌓이면 가정이 변하고, 교회가 변하며, 나라가 변합니다.

하나님은 기도하는 자들을 통해 나라와 열방을 움직이십니다. 모세가 그러했고 느헤미야와 에스더가 그러했으며, 하나님 세우신 여러 선지자가 그러했습니다. 솔로몬은 교회의 회개와 간구로 개인의 생사화복과 나라의 흥망성쇠를 주님께 의탁했고, 나아가 열방의 구원까지 하나님께 구했습니다.

하나님은 지금 기도하는 자를 찾으십니다. 개인과 가정과 교회뿐 아니라, 나라와 열방, 그리고 북한과의 복음통일을 위해 기도할 자를 찾고 계십니다.

매일 그 깊은 기도의 강을 건너며

정○○

큰터교회 10가지 지침 중 '기도'는 매일 2시간으로 정해져 있다.

짧은 경력이지만 '10가지 지침'을 지키기 위해 수년간 거의 매일 기도의 자리를 지키려 노력하면서 하나님은 내게 먼저 왜 기도를 매일, 두 시간 이상 해야 하는지 깨닫게 해주셨다.

왜 매일 빠짐없이 기도하도록 했을까. 가장 중요한 이유는 아마도 기도가 우리의 호흡이기 때문일 것이다. 하루라도 기도하지 않으면 우리의 영이 온전히 숨을 쉬지 못하기 때문일 것이다. 육신을 입고 혼탁한 세상에서 살아가는 우리는 매일매일 기도를 통해 내게 붙어있는 더러운 오물과 연기를 씻어내고 제거하여 건강한 호흡을 해야 한다.

또한 기도는 왜 2시간 이상으로 정해졌을까. 나는 기도를 통해 하나님을 경험하려면 절대적 시간이 필요하다는 것을 알게 됐다. 회개의 물두멍과 속죄의 번제단을 지나, 떡상과 촛대를 거쳐 마침내 지성소에 들어가는 과정은 일정한 시간과 절차, 그리고 많은 노력이 필요하다. 혼탁한 세상에서 육신적 존재로 살던 내가 깊은 기도로 들어가 영이신 하나님을 만나는 것은 한두 마디의 말로는 되지 않는다. 고군분투하며 몸부림치는 과정을 거쳐야 한다. 이것이 치열한 싸움이며 몸부림임을 깨달은 후 나는 기도할 때마다 '이 깊은 기도의 강'을 오늘도 잘 건널 수 있게 성령님께 도움을 구한다.

매일 2시간 이상 충분한 시간을 드린 기도는 세 가지 측면에서 나의 기도를 변화시켰다. 첫째, 기도의 내용이다. 처음에는 내가 처한 여러 가지 문제를 해결하기 위해 부르짖는 것이 내 기도의 대부분이었지만, 나중에는 하나님과 교제하는 달콤한 대화가 점점 더 많아졌다. 결혼을 위해 기도를 시작한 지 수개월이 지난 어느 날이었다. 그날도 어김없이 기도를 하는데 하나님께서 내게 백지 수표를 써 주셨다는 감동을 받았다. 결혼을 위해 간절히 부르짖던 나는 그 백지수표를 본 순간 나를 향한 하나님 아버지의 크신 사랑을 깨달아 놀라운 기쁨으로 영이 충만해졌다.

[로마서 8:32]

자기 아들을 아끼지 아니하시고 우리 모든 사람을 위하여 내주신 이가 어찌 그 아들과 함께 모든 것을 우리에게 주시지 아니하겠느냐

이 말씀이 그대로 믿어졌다. 신기한 것은 늘 불안한 마음으로 결혼 문제를 대하던 내가 그날 이후 다시는 하나님께 결혼 문제를 제기하지 않았다는 사실이다. 이미 받았다는 확신이 들었기 때문이다.

결혼에 대한 응답을 받고 나니 그때부터는 내게 모든 것을 주시기까지 나를 사랑하시는 하나님, 그리고 나의 신랑 되신 예수님께 더 집중하게 되었다. 결혼에 대한 확신이 컸던 나머지 '혹 하나님께서 지금 당장 시집 보내시면 어쩌지'란 생각에 겁이 나기도 했다. 이제 막 신랑 되신 예수님과 달콤한 연애를 시작했던 나는 지금은 배우자를 만나기보다 오히려 주님과 조금 더 깊이 교제하고 싶다고까지 고백했다.

둘째, 기도의 질이다. 처음 기도할 때 내 기도의 주된 내용은 주로 걱정과 근심거리였다. 회개와 간구 또한 의식적으로 생각해서 하는 경우가 많았다. 하지만 오랜 시간 매일 기도하기를 반복하며 기도의 양이 쌓이면서 기도의 언어에 질적인 변화가 일어났다. 나의 말에서 성령님의 말씀으로 변화한 것이다.

어느 날 깊은 기도에 들어가 은혜를 받고 기도를 마칠 즈음, 갑자기 내 입에서 생각지도 못한 말이 튀어나왔다.

"주님, 기쁨과 성령이 충만하게 해주세요."

내가 생각해서 한 말이 아니었다. 성령께서 넣어 주신 말이 분명했기에 내 음성에는 힘이 있었고 확신에 차 있었다. 성령님께서는 그 말씀을 계속해서 반복하게 하셨다. 나는 사람들을 의식하지도 않고 일어서서 아주 큰 소리로, 한참 동안 기쁨에 차서 선포했다.

하지만 그렇게 기도를 마치고 나오면서도 한편으로는 성령과 기쁨이 무엇을 의미하는지 갸우뚱했다. 버스에 올라 성경 1개월 1독 진도표대로 그날 분량을 읽으려고 성경을 펼쳤는데 나는 정말 놀라지 않을 수 없었다.

[사도행전 13:52]

제자들은 기쁨과 성령이 충만하니라

나는 그렇게 하나님께서 나의 기도를 나의 말이 아닌 하나님의 말씀으로 채워가신다는 사실에 고무되어 갔다.

2시간 이상의 기도가 내게 미친 세 번째 변화는 바로 기도의 지경이다. 처음 내 기도는 가족의 울타리를 넘지 못했다. 하지만 깊은 기도를 이어가면서 기도의 지경이 점점 넓어졌다. 어느 순간부터는 친가, 외가의 일가친척들과 사촌들의 가족들까지 매일 이름을 불러가며 기도하기 시작했다. 결혼 한 후에는 시댁 식구들의 기도 제목까지 기도의 제목들이 훨씬 늘어났지만 그 많은 이름들을 부르며 거의 매일 기도를 하게 되었다. 또한 주님의 몸 된 교회와 대한민국, 북한과 열방을 위해 기도하는 것이 너무나 자연스러운 일이 되었다.

이러한 기도의 변화는 결국 삶의 변화로 이어졌다. 가장 두드러진 변화는 죄에 민감해졌다는 것이다. 무심코 본 TV광고에도, 문득 머릿속을 스친 나쁜 생각에도 즉각적으로 반응했다. 한 번은 기도를 마치고 지하철역을 지나가는데 순간 머릿속에 나쁜 생각이 스쳐 지나갔다. 나는 그것을 도저히 견딜 수 없어 길가에서 급히 무릎 꿇고 주님께 간절히 회개한 적이 있다. 그때 느꼈던 주님과의 친밀감은 말로 다할 수 없다. 그 외에도 찬양과 복음 선포의 능력 등 기도가 내 삶에 준 유익은 셀 수 없이 많지만, 무엇보다도 주님을 더 사랑하게 하신 것이 가장 큰 복이다.

나는 지금도 더 깊은 지성소에서 하나님과 은밀히 나누는 데이트를 사모한다. 기도 시간을 통해 나는 하루를 살아갈 힘을 얻는다. '내 기도하는 그 시간 그때가 가장 즐겁다'라는 찬송가 가사가 바로 나의 고백이다. 나는 이 기도의 기쁨을 더 빨리 알지 못했던 지난 세월이 아깝다. 그래서 나는 남은 일생 하루도 놓치지 않고 내 기도의 향로를 채워갈 것이다.

나는 너를 원한다

김☐☐☐

나는 기도 시간을 통해 하나님의 임재를 경험한다. 그때마다 주님을 더 깊이 사랑하게 되는 걸 알면서도, 매일 저녁 기도 시간을 지키는 것이 쉽지 않을 때가 많다.

그래서 때로는 여러 사람이 함께하는 기도 시간의 힘을 빌리기도 한다. 그럴 때는 대부분 중보기도를 하게 되는데 특별히 그날은 주님의 임재를 강하게 느꼈다. 그러면서 내 안에 주님을 원하는 마음이 간절하게 솟아났다. 그날 나는 주님의 강력한 십자가 사랑을 경험했고 그것을 기록했다. 그날 만난 주님을 간증 대신 나누고 싶다.

OO년 OO월 어느 날 저녁 기도 시간

주님께 이끌리듯 깊은 기도로 들어가는데
찬양 소리도, 인도자의 소리도 들리지 않고
온 우주에 나만 혼자 덩그러니 있는 것 같았다.
눈을 감고 있었는데,
마치 눈앞에 한 편의 영화가 펼쳐지듯, 그렇게 주님을 만났다.

그분은 큰 나무 십자가를 지고 힘겹게 오르막을 걷고 있었다.
나는 그분께 다가가 엎드렸다.
그분은 걸음을 멈추고 십자가를 내려놓더니, 나를 일으키셨다.
검붉은 피가 얼굴을 덮고 있었지만 부드러운 미소가 내 심장을
녹였다.

순간, 잔인한 채찍이 가해지고 그분의 몸에서 살점이 떨어졌다.
채찍질 한 번에 나의 죄목 한 가지가 빠져나갔다.
채찍은 수없이 다시 가해졌고 그분의 온몸은 살점이 떨어지고
하얀 뼈가 드러났다.
나의 온몸을 감싸고 있던 죄목들이 하나씩 빠져나가고……

그분은 더욱 비참한 몰골로 변해갔는데
그럴수록 나는 하얗고 깨끗하게 씻겼다.

나는 그분의 품에 안겼다.
찢기고 패여 피투성이인 그분의 온몸이 얼마나 따스한지
아주 짧은 순간, 나는 영원의 안락을 느꼈다.

창에 찔린 그분의 옆구리에서 피와 물이 솟아났다.
그 피가 나의 전신을 덮었다.
깨끗하게 씻겼던 나는 그 피로 더욱 하얗게 빛났다.

그분은 일그러진 얼굴로 나를 향해 미소 짓고 계셨다.
나는 목이 메고 가슴이 막혀 숨쉬기가 힘들었다.
"사랑해요, 사랑해요,
감사해요, 감사해요,
죄송해요, 죄송해요."
절규하듯 외쳤지만, 나는 부족함을 느꼈다
"아! 이 고백만으로는 부족해요. 어떡하죠? 어떻게 해야 하나요,
주님 어떻게 해야 할지 모르겠어요."

그때 그분이 나지막이 말씀하셨다.

"나는 너를 원한다."

"저를요?"

"너를 나에게 줄 수 있겠니?"

"그럼요! 주님께서 저를 필요로 하신다면 저를 드려요."

"내가 너를 쓰기를 원한다."

"주님께서 쓰시고 싶은 대로 쓰시도록 한없이 부족하지만, 저를 드려요."

"고맙구나."

"주님 사랑해요, 사랑해요."

"나도 너를 사랑한다."

"주님, 감사해요. 감사해요. 이제 족해요. 정말 족해요. 주님 사랑해요, 감사해요."

나는 꺽꺽이는 울음으로 그분 안에 있었다.

[이사야 53:5]

그가 찔림은 우리의 허물 때문이요 그가 상함은 우리의 죄악 때문이라 그가 징계를 받으므로 우리는 평화를 누리고 그가 채찍에 맞으므로 우리는 나음을 받았도다

나가는 말

이상의 10가지 지침은 우리가 더 나은 그리스도인이 되기 위해 하는 것도 아니요, 우리에게 부흥을 주십사 그릇의 크기를 넓히기 위함도 아닙니다. 오직 예수님을 사랑하고, 하나님의 천국 백성으로서 그분을 기쁘시게 해드리기 위함입니다.

하나님이 기뻐하시지 않는 삶을 가장 기뻐할 존재가 누구일까요? 바로 우리의 원수, 마귀입니다. 우리는 마귀가 기뻐하는 삶이 아닌, 하나님이 기뻐하시는 삶을 살아야 합니다.

우리가 이 땅에서 죽지 않고 숨이 붙어있는 이유는 부르심의 사명이 있기 때문입니다. 어떤 사명이요?

바로 주를 위해 사는 것입니다.

잠깐 있는 이 땅에서의 시간을 아까워하지 마십시오. 주를 위해 살고, 주를 위해 죽고, 미쳐도 주를 위해, 온전해도 주를 위해 삽시다. 이것이 오늘날 우리가 우리의 인생에 취해야 할 삶의 자세입니다. 그것을 행동으로 구체화한 것이 바로 이 10가지 지침입니다.

무엇이든 하려고 하면 쉽습니다. 안 하려고 하면 무척 힘들지요. 만약 이를 통해 교회가 살고, 대한민국이 살며, 북한이 구원되고, 세계선교가 일어난다면요?

그럼 해야 할까요, 말아야 할까요?

지난 26년 동안 교회를 개척하고 선교를 하면서 느끼는 바가 있습니다. 시대적 상황은 갈수록 힘들어지고 있습니다. 요즘은 선교 지원자가 별로 없습니다. 그나마 있는 지원자도 대부분 연령대가 마흔 이상입니다.

젊은이들을 잃어버렸습니다. 교회에 젊은이들이 없습니다. 다음세대는 이미 실종되었지요. 모두 세상으로 가버렸습니다. 이대로 불과 몇 년만 지나면 교회가 초토화되는 현상이 일어날 것입니다. 그렇게 되면 이 민족의 미래도 교회의 모습과 별반 다르지 않을 것입니다.

이제 새로운 처방이 필요할 때입니다.

가정과 교회와 나라가 살아나기를 원하십니까? 그렇다면 우리부터 달라져야 합니다.

세월은 흐르고, 우리 모두는 나그네 인생을 살고 있습니다. 이 땅을 떠날 때, 여러분은 어떤 유산을 남길 수 있습니까? 우리는 우리 자녀들에게 믿음을 유산으로 남겨야 합니다. 인간의 구원을 바라는 모든 피조물에게 우리의 믿음을 보여주어야 합니다.

저는 확신이 있습니다.

살면서 앞서 말한 10가지 지침을 실천한다면 교회는 살아날 것입니다. 그 후에는 대한민국이 살아날 것입니다. 또한 그에 그치지 않고 대한민국의 '민족적 사명'인 세계선교가 일어날 것입니다.

오늘도 우리가 하는 모든 말과 행동 하나하나가 자신을 위한 것이 아닌, 오직 주를 위한 것이 되기를 소망합니다. 그간 '나는 흥하고 주님은 망하는 삶'을 추구해 왔다면, 이제는 '나는 망하고 주님이 흥하는 역사'가 저와 여러분, 그리고 한국 교회와 세계선교 가운데 이루어지기를 기도합니다.

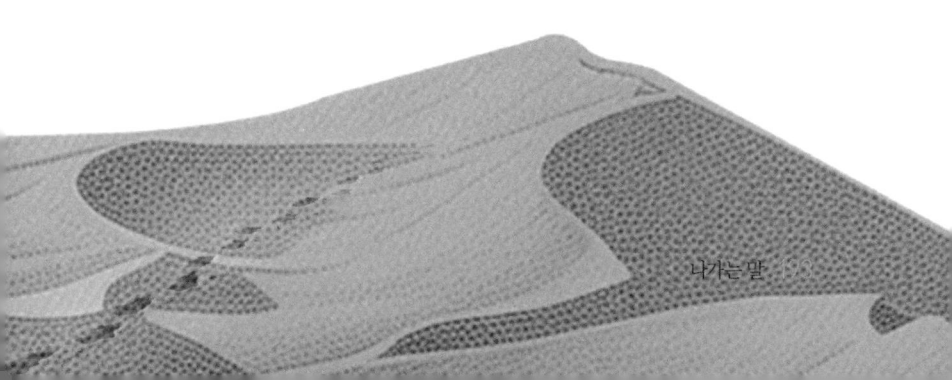

부록

절취선

Check list
한국 교회를 살리는 10가지 지침

Churches, rise again!　　　　　　　　　　이름 :

| 1 | 2 | 3 | 4 | 5 | 6 | 7 | 8 | 9 | 10 | 11 | 21 | 31 | 14 | 15 | 61 | 17 | 18 | 19 | 20 | 21 | 22 | 23 | 24 | 25 | 26 | 27 | 28 | 29 | 30 | 31 |

1. 산기도

2. 선지자 학교

3. 약속

4. 성경 통독 (1개월 1독)

5. 아침 묵상 (정해진 본문으로 묵상하기)

6. 동행 (매일 1시간 주님과 동행)

7. 금식

8. 전도 실천

9. 감사

10. 개인 기도 (매일 2시간)

Check list
한국 교회를 살리는 10가지 지침
Churches, rise again!

절취선

| 1 | 2 | 3 | 4 | 5 | 6 | 7 | 8 | 9 | 10 | 11 | 21 | 31 | 14 | 15 | 61 | 17 | 18 | 19 | 20 | 21 | 22 | 23 | 24 | 25 | 26 | 27 | 28 | 29 | 30 | 31 |

1. 산기도

2. 선지자 학교

3. 약속

4. 성경 통독 (1개월 1독)

5. 아침 묵상 (정해진 본문으로 묵상하기)

6. 동행 (매일 1시간 주님과 동행)

7. 금식

8. 전도 실천

9. 감사

10. 개인 기도 (매일 2시간)

Check list
한국 교회를 살리는 10가지 지침
Churches, rise again!   이름 :

| 1 | 2 | 3 | 4 | 5 | 6 | 7 | 8 | 9 | 10 | 11 | 21 | 31 | 14 | 15 | 61 | 17 | 18 | 19 | 20 | 21 | 22 | 23 | 24 | 25 | 26 | 27 | 28 | 29 | 30 | 31 |

1. 산기도

2. 선지자 학교

3. 약속

4. 성경 통독 (1개월 1독)

5. 아침 묵상 (정해진 본문으로 묵상하기)

6. 동행 (매일 1시간 주님과 동행)

7. 금식

8. 전도 실천

9. 감사

10. 개인 기도 (매일 2시간)

Check list
한국 교회를 살리는 10가지 지침
Churches, rise again!

| 1 | 2 | 3 | 4 | 5 | 6 | 7 | 8 | 9 | 10 | 11 | 21 | 31 | 14 | 15 | 61 | 17 | 18 | 19 | 20 | 21 | 22 | 23 | 24 | 25 | 26 | 27 | 28 | 29 | 30 | 31 |

1. 산기도

2. 선지자 학교

3. 약속

4. 성경 통독 (1개월 1독)

5. 아침 묵상 (정해진 본문으로 묵상하기)

6. 동행 (매일 1시간 주님과 동행)

7. 금식

8. 전도 실천

9. 감사

10. 개인 기도 (매일 2시간)

절취선

Check list
한국 교회를 살리는 10가지 지침

Churches, rise again!   이름 :

| 1 | 2 | 3 | 4 | 5 | 6 | 7 | 8 | 9 | 10 | 11 | 21 | 31 | 14 | 15 | 61 | 17 | 18 | 19 | 20 | 21 | 22 | 23 | 24 | 25 | 26 | 27 | 28 | 29 | 30 | 31 |

1. 산기도

2. 선지자 학교

3. 약속

4. 성경 통독 (1개월 1독)

5. 아침 묵상 (정해진 본문으로 묵상하기)

6. 동행 (매일 1시간 주님과 동행)

7. 금식

8. 전도 실천

9. 감사

10. 개인 기도 (매일 2시간)

Check list
한국 교회를 살리는 10가지 지침
Churches, rise again!

| 1 | 2 | 3 | 4 | 5 | 6 | 7 | 8 | 9 | 10 | 11 | 21 | 31 | 14 | 15 | 61 | 17 | 18 | 19 | 20 | 21 | 22 | 23 | 24 | 25 | 26 | 27 | 28 | 29 | 30 | 31 |

1. 산기도

2. 선지자 학교

3. 약속

4. 성경 통독 (1개월 1독)

5. 아침 묵상 (정해진 본문으로 묵상하기)

6. 동행 (매일 1시간 주님과 동행)

7. 금식

8. 전도 실천

9. 감사

10. 개인 기도 (매일 2시간)

교회여 다시 일어나라
한국 교회를 살리는 10가지 지침

초판 1쇄 발행 2024년 7월 5일

기 획 편 집 서미영
디 자 인 비온디
펴 낸 곳 도서출판 루디아
출 판 등 록 제2022-000126호
E - m a i l ohoh1124@naver.com

ISBN 979-11-981119-9-9 (03230)

- 이 책은 신저작권법에 의하여 국내에서 보호를 받는 저작물입니다.
  출판사의 협의 없는 무단 전재와 무단 복제를 엄격히 금합니다.
- 책값은 뒤표지에 있습니다.
- 잘못된 책은 구입처에서 교환하여 드립니다.